T0169756

QU'EST-CE QUE LA MUSIQUE ?

COMITÉ ÉDITORIAL

CHEMINS PHILOSOPHIQUES

Collection dirigée par Roger POUIVET

Éric DUFOUR

QU'EST-CE QUE LA MUSIQUE ?

Paris

LIBRAIRIE PHILOSOPHIQUE J. VRIN

6, place de la Sorbonne, V^e

2011

Ludwig Wittgenstein, *Vermischte Bemerkungen*.
© Oxford, Blackwell Publishing Ltd, 1977.

© *Librairie Philosophique J. VRIN,* 2005, 2011
Imprimé en France
ISSN 1762-7184
ISBN 978-2-7116-1746-3

www.vrin.fr

PRÉALABLE

Poser la question « qu'est-ce que la musique ? », c'est se situer, non dans la sphère de la musique, mais dans celle du discours sur la musique et plus précisément du discours philosophique. Autrement dit : déjà, en posant cette simple question, on quitte le domaine de l'émotion et de l'affect, celui de l'*immédiateté*, pour au contraire se placer dans le domaine de la *médiation*, celui du concept. Partant, le simple fait de poser cette question est lourd de présupposé : et le présupposé primordial de cette question est celui selon lequel on peut, d'une manière absolument légitime, poser la question du sens de la musique. C'est-à-dire encore : le simple fait de poser cette question suppose qu'on admette que de la musique, de l'affect immédiat qu'elle me procure jusqu'au discours qui cherche à la conceptualiser, à la déterminer, il n'y a pas de déperdition, pas de travestissement. Autrement dit : si la musique est d'abord quelque chose qui s'écoute, il y a possibilité – et nécessité, pour le philosophe – de dire la musique, de *penser la musique*.

Si l'on admet que le discours sur la musique ne déforme nullement l'appréhension de la musique, cela suppose derechef qu'on ne peut nullement opposer deux domaines, qui seraient, d'une part, une appréhension immédiate de la musique qui relèverait du simple *sentiment* et, d'autre part, une interrogation sur la musique (c'est-à-dire un discours sur la musique) qui relèverait du simple *concept*. Autrement dit : on ne peut absolument pas opposer le sentiment ou l'affect au concept, dans la mesure où le sentiment n'est pas premier et immédiat, c'est-à-dire indépendant de toute connaissance et donc de toute dimension conceptuelle, mais au contraire complètement conditionné par une connaissance et plus largement par une culture qui sont premières.

On peut illustrer cette idée avec des exemples tirés de la musique – et reprendre sur ce point ce qu'on trouve et ce qu'on lit dans les histoires de la musique et plus largement les livres sur la musique. Le fait de goûter une musique, de l'apprécier, d'en jouir, donc d'avoir un sentiment du beau lorsqu'on l'écoute, voilà quelque chose qui présuppose une connaissance ou plus largement une culture permettant l'identification du divers. Je ne peux pas apprécier une œuvre musicale si je n'entends dans ce que j'écoute qu'un chaos désordonné qui part dans tous les sens. De là la difficulté pour goûter les types de musique qui ne s'inscrivent pas dans la culture qui est la mienne, par exemple, pour l'homme occidental formé à ce qu'on appelle le système tonal propre à la musique occidentale, une œuvre de musique chinoise ou de musique africaine. Ainsi Charles Rosen écrit-il :

> Ce ne sont pourtant ni l'inattendu ni l'étrangeté d'une œuvre ou du style propre au compositeur qui constituent un obstacle à la compréhension musicale, mais bien plutôt la disparition des éléments familiers, et donc la déception ininterrompue des attentes et des espoirs entretenus par la tradition musicale dans laquelle nous avons été élevés [1].

1. C. Rosen, *Aux confins du sens. Propos sur la musique*, trad. fr. S. Lodéon, Paris, Seuil, 1998, p. 12.

Bref, comme l'écrit Nietzsche, on apprend à aimer la musique [1] – au sens où, même si l'on en n'a pas conscience, on est familiarisé, non seulement avec tel type d'instrumentation ou d'orchestration, tel type d'organisation rythmique, mais aussi et surtout tel type de hiérarchisation et de détermination des hauteurs. Par exemple, la musique tonale découpe et hiérarchise les hauteurs en tons et demi-tons – de sorte que l'homme occidental est nécessairement perdu dès qu'il entend une musique dans laquelle on opère avec des quarts de tons (et même si certains compositeurs aujourd'hui, comme les représentants de la musique spectrale entre autres, utilisent des micro-intervalles).

Si donc on ne saurait s'opposer à notre question initiale et objecter que *la musique ne peut être l'objet d'un discours, parce qu'elle est l'objet d'une appréhension et d'une compréhension immédiates qui ne passent pas par le concept*, c'est tout simplement parce qu'il n'y a pas de compréhension immédiate qui serait a-conceptuelle (ce que Kant nomme la *Schwärmerei*), et que, comme on l'a dit, l'appréhension et la compréhension d'une œuvre musicale, *alors même qu'on les croit immédiates*, sont médiées – sans même qu'on s'en rende compte si l'on ne fait pas attention – par la culture qu'on possède, c'est-à-dire par tout un réseau de sens qui a été progressivement acquis depuis notre enfance, *et dont les résultats se sont sédimentés en nous*, culture qui seule nous permet d'avoir une appréhension esthétique et donc d'apprécier une œuvre musicale.

---

1. Voir *Le Voyageur et son ombre*, § 158 : « Il faut en effet être préparé et exercé pour recevoir même les plus minimes "révélations" de l'art, malgré les contes bleus des philosophes à ce sujet », ou bien la lettre à Peter Gast du 20 mars 1883 : « L'"action" de la musique sur moi ? Hélas, ami, je suis lent à aimer, je suis trop longtemps offusqué par ce qui m'est étranger (…) ».

En ce sens, on peut reprendre une thèse kantienne. Mais il faut toutefois souligner que cette thèse, si elle est bien énoncée par Kant, l'est *à propos de l'objet cognitif (l'objet de la connaissance, qui relève d'un jugement de connaissance) et non à propos de l'objet esthétique (l'objet qui relève d'un jugement esthétique).* C'est l'idée résumée dans l'expression de « révolution copernicienne », expression qu'on trouve telle quelle, non pas chez Kant, mais chez les néokantiens, et qui est exposée dans la seconde Préface (1787) de la *Critique de la raison pure* [1]. Énonçons très simplement cette idée : elle soutient qu'on ne peut pas distinguer, comme on l'a fait jusque-là dans la philosophie, l'objet et la connaissance ou représentation de l'objet, dans la mesure où l'objet n'est rien d'autre, *pour moi qui en parle*, que la connaissance ou la représentation que j'en ai. D'où la formule de Hermann Cohen commentant Kant : l'objet = la représentation de l'objet – ou encore cette autre formule, toujours du même auteur, tirée du *Principe de la méthode infinitésimale et son histoire* : « ce n'est pas dans le ciel que nous voyons les étoiles, mais dans les raisons de l'astronomie ». Autrement dit : le divers qui apparaît à la sensibilité, c'est-à-dire le donné sensible, ne peut être identifié, déterminé, qu'à travers les concepts dont nous disposons c'est-à-dire notre connaissance. Dès lors, on ne peut pas parler et donc poser un objet qui serait un objet en soi, ce que Kant appelle précisément la « chose en soi », à savoir l'objet tel qu'il est en lui-même et pour lui-même indépendamment de la connaissance que j'en ai (mes représentations), car c'est moi qui parle de cet objet, et qui en parle précisément à partir de ma connaissance.

Ce qui est curieux, c'est que Kant, dans la *Critique de la faculté de juger*, et parce qu'il veut sauvegarder la spécificité

---

1. E. Kant, *Critique de la raison pure*, B, p. XII ; Ak. III, p. 9.

du jugement esthétique – prenant donc acte des thèses empiristes et de la critique empiriste de ce qu'on appelle la théorie classique du beau, essentiellement représentée par Boileau –, réintroduit une opposition entre le sentiment et le concept, puisqu'il nie que le sentiment esthétique et le jugement esthétique, et donc l'appréhension esthétique d'un objet par la subjectivité, relèvent d'une connaissance ! Ce qui, par conséquent, est curieux, c'est que Kant, dans la troisième *Critique*, au sein de laquelle le problème esthétique est traité, en revienne à un dogmatisme qui répugne à l'esprit de la première *Critique*[1].

Du coup, notre question n'est plus du tout celle de se méfier du discours et de savoir si le discours sur la musique ne serait pas condamné à déformer la musique : elle exclut dès lors l'irrationalisme sous toutes ses formes – comme celui qu'on trouve par exemple dans les textes du jeune Nietzsche, *La Naissance de la tragédie*, par exemple, encore sous l'influence de Richard Wagner, ou bien dans ceux de Wagner et tout particulièrement *Beethoven*, texte publié en 1870, soit un an avant *La Naissance de la tragédie* –, selon lequel la musique serait appréhendée par un sentiment ineffable et indicible, *irréductible à toute procédure conceptuelle*[2]. Notre question est celle de savoir *comment un discours sur la musique est possible* : il s'agit donc de distinguer, parmi la diversité des discours effectifs qui portent sur la musique, ceux qui sont légitimes de ceux qui ne le sont pas.

---

1. Nous avons développé ce point dans « Ce que nous "dit" la musique : conscience cognitive et conscience esthétique », *Kairos*, n°21 (2003).

2. Voir notre *Esthétique musicale de Nietzsche*, Lille, Septentrion, à paraître, ouvrage dans lequel ce point – comme beaucoup d'autres qui sont seulement mentionnés ici – est développé.

On peut distinguer deux grands types de discours sur la musique.

Le premier consiste à parler de soi plutôt que de parler de la chose même. L'œuvre musicale n'est alors qu'un prétexte, puisque, ce dont je parle, c'est de l'état d'âme qu'elle produit en moi. Dire d'un morceau de musique qu'il est gai ou qu'il est triste, qu'il évoque tel sentiment, c'est prétendre et croire que ce sentiment est inscrit *dans* le morceau de musique lui-même, sans se rendre compte qu'il est simplement *suscité* ou *provoqué* en moi d'une manière contingente par la musique, de sorte que mon jugement est tout à fait subjectif et ne peut prétendre à nulle universalité. Qu'on essaye, indépendamment du jugement de valeur qu'on porte sur lui, de décrire un morceau de musique à la manière dont on peut décrire une pièce de théâtre, une peinture ou bien un film : étant donné que la musique, par essence, n'est pas un art figuratif ou représentatif, il est impossible de décrire une œuvre musicale à la manière dont on raconte un film ou une pièce de théâtre. Mieux : comment peut-on porter un jugement de fait sur une œuvre musicale sans connaître au moins les rudiments du solfège, qui seuls permettent de décrire celle-ci ?

Le deuxième type de discours sur la musique consiste dans l'analyse technique, dans son aspect sec et aride. Mais que nous apprend proprement un discours qui repère, non seulement la tonalité et les thèmes, mais les modulations et la manière dont procède le développement? Si j'entends la musique sans pouvoir la lire, un gouffre m'apparaît entre ce que j'entends et la théorisation du critique qui décompose le tout en ses éléments. Et il en est de même pour celui qui sait lire une partition : quel rapport existe-t-il entre une simple description d'ordre musicologique des caractéristiques d'une œuvre musicale et la nature d'une émotion qui fait que cette œuvre-là me plaît davantage que les autres et me semble renfermer une signification infinie dont l'analyse ne pourra jamais rendre compte – c'est-à-dire un excédent de sens qui fait que le charme de cette œuvre demeure ineffable et indicible? C'est en ce sens que Vladimir Jankélévitch écrit dans *La Musique et l'ineffable* :

> Les plus pédants parleront grammaire, métier et ce sont sans doute aussi les plus roués, car ils paraissent viser une réalité spécifiquement musicale, repérable dans certaines locutions, alors que l'affectation technique est pour eux un simple moyen de ne pas sympathiser, de se soustraire au charme, de rompre enfin la convention d'innocence et de naïveté sur laquelle repose tout enchantement [1].

Et de même Jean Tardieu dans *Obscurité du jour* :

> Élève un Tel, voulez-vous me traduire en français le 1er Mouvement du dernier Quatuor de Schubert! Vous savez que je ne veux pas d'analyse musicale, ni de biographie, ni de psychanalyse, ni de bavardage poétique. Non, je veux une vraie, une bonne traduction. En français. En français correct [2].

C'est comme si, pour tous les deux, le discours technique sur la musique restait dans l'antichambre de la musique et était somme toute extérieur à son objet.

Il y a donc un paradoxe du discours sur la musique – comme il apparaît d'ailleurs dans *La Musique et l'ineffable*. C'est qu'on ne saurait faire l'impasse sur des considérations techniques qui seules permettent de *fonder* véritablement le discours sur l'œuvre d'art, c'est-à-dire de l'authentifier comme portant sur l'œuvre sur laquelle il prétend porter, et

---

1. V. Jankélévitch, *La Musique et l'ineffable*, Paris, Seuil, 1983, p. 128. Voir aussi p. 128-129 : « L'analyse technique est un moyen de refuser cet abandonnement spontané à la grâce que le charme nous réclame ».
2. J. Tardieu, *Obscurité du jour*, Genève, Skira, 1974.

donc en ce sens de le *valider* – et Jankélévitch, bien évidemment, introduit de telles considérations techniques lorsqu'il évoque les œuvres qu'il aime et qu'il joue. Cependant, le discours technique reste de l'ordre du jugement de fait qui analyse et décompose, qui réduit un tout vivant en ses éléments entre lesquels il établit une causalité mécanique – bref, qui manque ce qui constitue précisément la *vie* et donc le *sens* de l'œuvre musicale [1].

MUSIQUE ET SON – LA PARTITION

Qu'est-ce que la musique ? Commençons par une définition minimale qui aura du coup pour avantage d'être en deçà de toute polémique, pour autant qu'elle ne se donne que le minimum – et un minimum qui ne peut qu'être accepté, sans quoi c'est le fait de poser cette question et de vouloir y répondre qu'on contesterait ! Nous allons toutefois voir que cette définition minimale referme pourtant déjà des problèmes – problèmes qui sont d'autant plus douloureux que, justement, une fois qu'on en résout un (ou du moins qu'on croit l'avoir résolu), un autre apparaît, un peu comme dans un film d'horreur où le dénouement précisément n'advient jamais…

La définition qui semble renfermer le moins de présupposés, donc être la plus minimaliste et qui, de plus, semble relever du bon sens et s'imposer spontanément et immédiatement à tout entendement sain, est celle qui assimile la musique

---

1. Le premier à faire valoir cette insuffisance du discours technique, en utilisant justement la référence au vivant, est le musicien et critique Robert Schumann dans son article sur la *Symphonie fantastique* de Berlioz (1835), où il expose la méthode qui règle ses propres critiques : voir R. Schumann, *Schriften über Musik und Müsiker*, Stuttgart, Reclam, 1982 p. 34.

à une succession organisée de sons. Commençons par remarquer deux choses, c'est-à-dire par mettre en évidence les deux
éléments mis en jeu par cette définition : 1) La musique, ce
sont des sons. Or le propre du son est de posséder une hauteur,
une durée et un timbre. Comme l'écrivent Jacques Chailley et
Henri Challan dans leur *Théorie complète de la musique*, « si la
hauteur ne peut pas être déterminée, il n'y a plus son proprement dit, mais bruit » [1]. Autrement dit : on ne peut pas déterminer l'objet musical d'une manière indépendante non seulement de la subjectivité, mais aussi, du coup, de son caractère
qualitatif (le son, puisqu'il a une hauteur, équivaut à une note).
2) Il ne suffit pas qu'il y ait des sons pour qu'il y ait de la
musique, puisqu'il faut encore que ces sons, qui forment une
diversité dont le propre est de se succéder temporellement,
obéissent à une loi d'organisation qui détermine leurs rapports
les uns avec les autres. Comme l'écrivent encore les deux
auteurs, « il n'y a réellement musique que lorsque les sons sont
ordonnés entre eux » [2].

Cela posé, cette définition fait déjà problème. C'est que, si
elle était certes empiriquement corroborée par ce qui a existé
de fait à titre de musique occidentale jusqu'au début du xxe
siècle, elle est réfutée par ce qui a surgi au cours du siècle
dernier : d'une part, par l'introduction de bruits qui deviennent
des composantes à part entière de la musique – comme *Désert*
(1951-1954) œuvre mixte pour orchestre et bande magnétique
de Varèse [3] –, d'autre part, par la pièce de John Cage, *4'33''*
(1952) dont on sait que seul le geste du pianiste, ouvrant puis

---

1. J. Chailley et H. Challan, *Théorie de la musique*, t. I, Paris, Leduc,
1949, p. 6.

2. *Ibid.*, p. 5.

3. La bande magnétique a été réalisée à partir de bruits d'usines de fonderie
et de scierie de Philadelphie.

fermant au terme du morceau le couvercle de son piano, en fixe le commencement et la fin [1].

Si le silence peut être signifiant, s'il peut évidemment acquérir une valeur musicale – ce qui est le cas dans toute la musique classique occidentale, comme en témoignent encore les théories de la musique qui fixent la durée des pauses, des soupirs, etc. –, ce silence est et reste relatif, pour autant qu'il acquiert son sens par rapport au son qui reste l'élément fondamental. Autrement dit : on peut légitimement se demander si *4'33''* n'est pas un acte-limite, une provocation qui, à ce titre, ne peut nous servir d'indice pour déterminer ce qu'est la musique. Alors que les sons peuvent être ordonnés d'une manière infinie dans la musique, le silence – nous voulons dire par là le silence *absolu* de *4'33''* – ne peut exister qu'une seule et unique fois, c'est-à-dire dans l'œuvre-limite de Cage.

De plus, certains compositeurs du XXe siècle ont mis en question l'idée selon laquelle l'œuvre devrait obéir à une loi d'organisation entendue d'une manière stricte. Ainsi est-ce le cas dans ce qu'on appelle la « musique aléatoire », par exemple le *Klavierstück XI* de Karlheinz Stockhausen (1956-1957) et la *Troisième Sonate* de Pierre Boulez (1957), qui ruinent la linéarité, la continuité et surtout la dimension téléologique de laquelle relève toute loi univoque (et unilatérale) d'organisation, au moyen d'un agencement de séquences mobiles qui toutefois n'équivaut pas au chaos, pour autant qu'il y a dans ces œuvres un contexte harmonique et donc un espace harmonique unitaire (qui est certes sériel). Soulignons que la dimension aléatoire intervient ici, non pas au niveau de la composition, puisque tout est écrit, mais seulement dans l'exécution,

---

1. Voir J.-J. Nattiez, « Pluralité et diversité du savoir musical », *Musiques. Une encyclopédie pour le XXIe siècle*, J.-J. Nattiez (dir.), t. II (« Les savoirs musicaux »), Arles, Actes Sud-Cité de la musique, 2004, p. 17.

c'est-à-dire dans les possibilités d'agencer les séquences : dans le *Klavierstück XI*, par exemple, il y a 19 séquences et, étant donné qu'il n'y a pas (par opposition à la *Troisième Sonate* de Boulez) d'indications qui autorisent ou interdisent le passage d'une séquence à une autre, il y a 19 ! trajets possibles. C'est John Cage qui introduit l'aléa dans la composition même, avec la notion d'indétermination en musique, qui implique que le compositeur ne se donne plus pour but le contrôle absolu sur ce que produit l'interprète à partir de la partition. Cage et Earle Brown vont recourir à des systèmes de notation non traditionnels. Brown écrit l'une des toutes premières partitions graphiques avec *December 52* (1952). Cage, lui, fait du hasard une méthode, comme dans *Imaginary Landscape n° 4* (1951), œuvre pour douze postes de radio qui requiert la participation de 24 interprètes : la partition indique les changements de volume et de longueur d'onde, et le résultat dépend du lieu et de l'heure choisis pour la réalisation.

Ce n'est pas tout. Nous avons commencé par dire que la musique, ce sont les sons. Cependant, dans notre musique occidentale, la musique, c'est *d'abord et avant tout*, non pas un ensemble de sons, mais des notes c'est-à-dire une partition. Il faut faire deux remarques à ce propos. La première, c'est que, comme l'écrit Nelson Goodman dans *Langages de l'art*,

> apparemment aucune autre culture, pas plus celles de la Chine que de l'Inde, n'a développé une notation musicale qui ait fait preuve d'autant d'efficacité pendant des siècles. La variété et la vivacité des rebellions qu'elle a récemment suscitées témoignent de l'autorité qu'elle s'est acquise [1].

---

1. N. Goodman, *Langages de l'art*, trad. fr. J. Morizot, Nîmes, J. Chambon, 1990, p. 220.

La seconde est formulée par Max Weber dans *Sociologie de la musique* :

> une œuvre musicale occidentale quelque peu compliquée ne saurait, sans les ressources de notre notation musicale, ni être produite ni être transmise ni être reproduite : sans cette notation, elle ne peut absolument pas exister en quelque lieu et de quelque manière que ce soit, pas même comme possession interne de son créateur [1].

Ce qu'il y a d'étonnant, c'est que, si la musique est d'abord une partition, c'est-à-dire un ensemble de signes qui sont écrits et qu'il faut apprendre à lire, *la musique est alors moins quelque chose qu'on écoute que quelque chose qu'on lit*, au sens où elle ne peut être écoutée que pour autant qu'elle est d'abord lue. Celui qui est musicien, par opposition à celui qui aime la musique, c'est celui qui sait lire une partition – ce qui signifie : entendre les sons en lisant les notes (ce qu'on appelle le « chant intérieur »).

Cependant, cette caractéristique est spécifique à notre musique occidentale. Dès lors, le fait que, pour nous, hommes occidentaux, le rapport aux sons, dans la musique, soit systématiquement et totalement *médié* par la partition et donc l'écrit, n'invalide en rien le primat du son dans la musique en général. D'autant plus qu'il faut approfondir le statut de la partition et réfléchir aux rapports qu'elle entretient avec la musique.

La musique est-elle *déjà* dans la partition ? La partition est-elle déjà de la musique ? Soit l'exemple donné par Sartre dans *L'Imaginaire* [2] : est-ce que la Septième symphonie de

---

1. M. Weber, *Sociologie de la musique. Les fondements rationnels et sociaux de la musique*, trad. fr., introduction et notes de J. Molino et E. Pedler, Paris, Métailié, 1998, p. 117-118 (traduction modifiée).

2. J.-P. Sartre, *L'Imaginaire*, « Idées », Paris, Gallimard, 1966, p. 368 et *sq.*

Beethoven est dans la partition ou bien dans l'exécution ?
Quelle est l'entité ou la réalité à laquelle renvoie cette dési-
gnation ? Comme l'écrit Sartre, « qu'est-ce que la *Septième
symphonie* "en personne" ? »[1]. Si l'essence de la Septième
symphonie est dans l'interprétation, est-ce que toutes les
interprétations réalisent de la même façon cette même essence
de la symphonie ? Sartre écrit :

> Pour moi cette « *Septième symphonie* » n'existe pas dans le temps,
> je ne la saisis pas comme un événement daté, comme une
> manifestation artistique qui se déroule dans la salle du Châtelet
> le 17 novembre 1938. Si demain, si dans huit jours, j'entends
> Furtwängler diriger un autre orchestre qui interprète cette sym-
> phonie, je serai de nouveau en présence de *la même symphonie*.
> Simplement elle sera mieux ou moins bien jouée (…)[2].

Pour Sartre, la partition n'est évidemment pas encore de la
musique. La Septième de Beethoven n'est pas dans la partition
pour autant que cette partition n'est rien d'autre que de la *musique possible*, c'est-à-dire la notation d'une œuvre qui n'existe
réellement ou effectivement que pour autant qu'elle est exécutée. Voilà une idée qui relève du bon sens, puisque le primat de
la partition est une idiosyncrasie de la culture occidentale.

La partition apparaît comme un cadre théorique et comme
un élément somme toute purement *intellectuel* – qui exclut, à
ce titre, l'élément *sensible*, donc l'élément esthétique et par
conséquent la musique. Puisque la partition n'est que de la
musique possible, elle est susceptible de se réaliser ou de
s'effectuer dans un nombre *infini* d'exécutions ou d'interprétations possibles. Celles-ci, qui effectuent ou incar-
nent l'élément intellectuel dans le sensible, ne relèvent pas
simplement d'une *compréhension intellectuelle*, mais, non

---

1. J.-P. Sartre, *L'Imaginaire*, *op. cit.*, p. 369.
2. *Ibid.*

seulement d'un *savoir-faire proprement pratique* irréductible à toute théorisation, mais aussi d'un *style* (ou d'une absence de style) qui caractérise à proprement parler l'élément artistique par lequel le musicien qui joue investit la partition et lui confère un sens marqué par sa propre individualité. C'est ce dont témoigne par exemple l'audition d'une mélodie ou d'un air : non seulement le timbre de la cantatrice est absolument singulier, donc à ce titre absolument reconnaissable – au sens où, par exemple, tout le monde reconnaît la voix de Maria Callas –, mais celle-ci marque pour ainsi dire la partition de son empreinte par les inflexions qu'elle apporte, par sa manière de dire le texte, de prononcer les voyelles et les consonnes. À cela s'ajoute le fait que toute exécution, même par la même cantatrice, est toujours *absolument* nouvelle, de sorte qu'elle ne sera jamais exactement la même. La musique, en ce sens, est un *acte toujours singulier*, qui ne saurait jamais être répété – exactement au sens où toutes les versions par Elisabeth Schwarzkopf des *Quatre derniers lieder* de Strauss sont différentes et possèdent des caractéristiques irréductibles les unes aux autres. Si la musique, c'est le sonore, le propre du sonore, *précisément parce qu'il relève du sensible et non de l'intellectuel*, pour parler avec Kant, c'est d'être irrationnel et singulier : il est non reproductible et pour cette raison un *événement*.

On soulignera, sur cette question, comment les modes de diffusion des arts peuvent aujourd'hui conduire à une méconnaissance du critère qui distingue la musique des arts plastiques. Le tableau de Léonard de Vinci, *La Joconde*, est unique et se trouve au musée du Louvre à Paris. Cependant, tout le monde le connaît, au sens où, même si je ne suis jamais allé au Louvre, j'ai vu dans mes livres de classe des reproductions de ce tableau – et je peux très bien en outre avoir vu une copie de ce tableau. Alors que l'œuvre picturale est une, mais qu'elle se

perd et se démultiplie aujourd'hui dans la diversité des reproductions et des copies – et l'on sait que certains faux sont si
remarquables qu'on a bien de la peine à les distinguer de
l'œuvre authentique –, l'œuvre musicale, qui est originaire-
ment multiple, pour autant que la partition ne prend vie et ne
devient musique que dans la diversité des interprétations, tend
à se réduire à une unité par la voie de l'enregistrement et du
disque. Ce n'est pas, il est vrai, qu'on ne trouve qu'un unique
enregistrement d'une œuvre, au contraire. Mais la connaissance d'une œuvre musicale, qui passe d'abord par le disque
pour autant qu'il est impossible, tout seul ou même avec
quelques amis, de la jouer (musique symphonique), conduit à
s'arrêter sur une version considérée par soi-même (et/ou par
les critiques) comme *version de référence*. Par exemple, pour
La Flûte enchantée de Mozart, chacun a sa version en tête – et
lorsqu'on est déçu par une autre interprétation, c'est toujours à
l'aune de cette version considérée comme critère.

Le disque a changé notre rapport à la musique. En premier
lieu, la connaissance de la musique passe pour beaucoup par
l'audition passive, alors qu'elle passait auparavant par la
réappropriation active, par le déchiffrage d'une partition.
Ainsi les transcriptions des opéras pour piano et chant se
louaient-elles autrefois comme on loue aujourd'hui les
disques pour découvrir une œuvre : on sait que Nietzsche a
découvert par cette voie *Tristan et Isolde* de Wagner, qu'il
déchiffrait avec ses amis. En second lieu, l'œuvre musicale,
qui est par essence mobile, changeante et diverse, se fige
inconsciemment pour nous en une unité statique, immobile et
éternelle, considérée comme l'équivalent musical de la partition. Alors qu'une œuvre musicale n'est jamais exactement la
même, puisque toute exécution est singulière, le disque au
contraire peut nous amener à croire à l'identité de cette œuvre,
pour autant que, à chaque fois qu'on met le disque, c'est

exactement la même chose qu'on entend. Le disque, en ce sens, est la négation du musical. On comprend la différence entre l'audition d'un disque et celle d'un concert : si j'entends au disque *ce que je sais déjà*, parce que rien ne pourrait me surprendre dans la mesure où je l'ai déjà écouté un nombre incalculable de fois, le concert est un événement non reproductible dans lequel l'artiste surprend toujours mon attente et mes anticipations.

Qu'il ne faille pas assimiler la musique à la partition est une idée somme toute banale qui repose également sur l'argument suivant. La partition, si elle *figure* la musique pour autant qu'elle symbolise les événements sonores qui constituent l'œuvre musicale, la *défigure* en même temps. Car si les événements sonores se déroulent dans le temps et sont de purs et simples événement temporels (et en aucun cas spatiaux), la partition, elle, spatialise le temps. J. Chailley et H. Challan écrivent :

> Depuis le Moyen-Âge, on a pris l'habitude de se représenter les sons comme s'ils étaient échelonnés sur un plan vertical. Si vous jouez sur le piano deux notes au hasard, celle située à gauche sera dite la plus basse et vice-versa. De là tout un vocabulaire imagé et facile à comprendre (« monter » une gamme, un son « élevé », etc.) [1].

Puisque la spatialisation de la durée la déforme, pour autant qu'elle nie sa spécificité en plaquant sur elle des caractéristiques qui sont celles de l'espace – comme l'a montré Bergson –, nous nous retrouvons ici confronté à un problème analogue à celui de Husserl qui, lorsqu'il veut décrire les actes de la subjectivité transcendantale, se voit dans l'obligation pour les décrire d'emprunter son vocabulaire à un autre domaine, plus connu et à partir duquel il peut construire des

---

1. J. Chailley et H. Challan, *Théorie de la musique*, *op. cit.*, t. I, p. 5.

concepts opératoires, et qui critique précisément l'exportation naïve, chez les philosophes antérieurs, de concepts qui ont une validité pour caractériser l'objectivité, et qui conduisent à défigurer la subjectivité – naturalisation de la conscience.

On comprend la spécificité de la musique. Alors que tous les autres arts sont liés à l'espace et dès lors à la figuration ou à la représentation, la musique est l'unique art qui n'est pas lié à l'espace et, pour cette raison, le seul art *spontanément non figuratif ou non représentatif*. La musique, ce sont les sons, et les sons se déroulent dans le temps et seulement dans le temps. La musique, en ce sens, est *l'art du temps*. Une question essentielle qui se pose à ce propos est de savoir si la musique trouve un temps qui serait déjà tout constitué, et dans lequel elle s'insèrerait à la manière d'un cadre vide qu'elle viendrait remplir, ou bien au contraire si la musique fait advenir le temps à partir d'un chaos initial, pour autant qu'elle organise la succession et la simultanéité, qu'elle fait surgir un ordre dans lequel apparaissent un passé, un présent et un futur.

Reste que, en tout cas, cette spécificité de la musique est justement ce qui permet à Jankélévitch, philosophe et musicien, de refuser la question comme non pertinente. La question, on l'a vu, est celle de savoir *où* est la Septième de Beethoven : dans la partition, dans la diversité des exécutions, ou ailleurs encore ? Mais c'est parler de la musique comme on parle des arts plastiques, c'est-à-dire chercher sa place dans l'espace – c'est parler de la musique à la manière des arts de l'espace alors que c'est un art du temps. Jankélévitch écrit :

> Mais l'esthétique métaphorique veut plus encore : elle veut que le phénomène musical soit une chose assignable et repérable, elle prétend répondre d'une manière univoque à la question *quoi ?* et à la question *où ?* ; à celle-là par des définitions, à celle-ci par des localisations ! Où est, en somme, la musique ? est-elle sur le clavier ou au niveau de la corde vibrante ? sommeille-

t-elle dans la partition ? ou peut-être dans les sillons du disque ? Serait-elle au bout de la baguette du chef d'orchestre ? En fait, les caractères généralement attribués à la musique n'existent bien souvent que pour l'œil et par le tour de passe-passe des analogies graphiques : de simples particularités d'écriture, qui résultent de la projection symbolique du fait musical sur deux dimensions, servent à caractériser la « courbe » mélodique elle-même ; la mélodie qui est, hors de l'espace, succession de sons et durée pure, subit la contagion des signes inscrits horizon-talement sur la portée ; et de même l'accord, harmonie de sons simultanément perçus, tend à se confondre avec l'agrégation verticale des notes qui le schématisent ; les parties, dans la musique polyphonique, semblent « se superposer ». Les arti-fices du papier réglé finissent par déloger les réalités acoustiques ![1].

Mais cet argument n'en est pas un, et la question subsiste, dans la mesure où elle peut être formulée différemment, c'est-à-dire sans référence à l'espace, comme on va le voir.

La question était donc de savoir *où* est la Septième symphonie ? Si la musique est dans les sons, donc dans l'exécution, il n'y a plus *une* Septième, mais celle-ci se dissout dans la multiplicité des exécutions. Chaque exécution est une manifestation de l'essence de la Septième, elle est – comme dit

---

1. V. Jankélévitch, *La Musique et l'ineffable*, *op. cit.*, p. 116. L'auteur écrit immédiatement après : « Bartok écrit, dans *Mikrokosmos*, deux piécettes où le resserrement des notes sur une pédale de tonique se traduit par un graphisme qui évoque l'alternance de la ligne et du point. Et qui sait si le "tourbillonnement" du triolet ne nous est pas suggéré, en vertu d'une association habituelle, par l'image graphique de cette figure sur le papier ? M. Robert Siohan dénonce avec raison le "visualisme" de certains procédés chers à la musique sérielle : "jeux de miroirs", formes renversées, etc. ; l'oreille, très généralement, ne s'aperçoit de rien. Il faudrait de même incriminer le visualisme chez tous ceux qui parlent de renversement, voire de rimes musicales ; c'est oublier que la musique est faite pour être entendue, non point pour être lue, et que la symétrie, intuition visuelle, n'est pas reconnaissable pour l'oreille (…) ».

Sartre – « la *Septième* "en personne" ». Mais comment une exécution nécessairement imparfaite peut-elle réaliser la Septième en personne ? Étant donné qu'on peut hiérarchiser les interprétations, qu'il y a des interprétations « mieux ou moins bien jouées », cela veut-il dire que la Septième en personne ne se trouve que dans les « bonnes » interprétations ? On a vu que, pour Sartre, ce n'est pas le cas. Même une interprétation « moins bien jouée » réalise elle aussi tout autant la Septième en personne, puisque je suis « en présence de la même symphonie ». Autrement dit : même une très mauvaise interprétation réalise la Septième en personne, puisque je reconnais cette interprétation comme étant une interprétation, même mauvaise, de la Septième symphonie de Beethoven. Si je reconnais cette mauvaise exécution comme étant une exécution de « *la même symphonie* » (comme le souligne Sartre qui met cette expression en italique), c'est bien parce que j'appréhende cette exécution comme renvoyant à une entité qui, du coup, est irréductible à une exécution qui n'en est qu'une manifestation imparfaite – c'est la raison pour laquelle Sartre dit que, au moment où j'écoute une exécution de la Septième par Furtwängler ou un autre, « la symphonie *n'est pas là*, entre ces murs, au bout de ces archets »[1]. La mauvaise exécution renvoie donc à une essence de la Septième, qui seule me permet de reconnaître toute exécution et manifestation imparfaite comme étant précisément *une manifestation imparfaite de la Septième*, essence de la Septième qui donc n'est *ni* dans l'exécution *ni* dans la partition (puisque la partition n'est pas de la musique). Sartre écrit à son propos :

> Elle est entièrement hors du réel. Elle a son temps propre, c'est-à-dire qu'elle possède un temps interne, qui s'écoule de la première note de l'allegro à la dernière note du final, mais ce

1. J.-P. Sartre, *L'Imaginaire*, *op. cit.*, p. 370.

temps n'est pas à la suite d'un autre temps qu'il continuerait et qui serait « avant » l'attaque de l'allegro ; il n'est pas suivi non plus d'un temps qui viendrait « après » le final. La *Septième Symphonie* n'est pas du tout *dans le temps* [1].

Sartre voit bien qu'il y a une unité des différentes interprétations, puisque celles-ci sont toutes renvoyées à la même œuvre dont elles constituent précisément des exécutions. Cependant, comme il refuse, d'une part, de fonder l'identité de l'œuvre sur le renvoi à une partition dont ces exécutions sont précisément des exécutions, et comme, d'autre part, il veut fonder cette multiplicité, pour autant qu'elle est multiplicité d'une unité, sur une identité de sens irréductible à ses manifestations et analogue en somme, malgré ce qu'il prétend [2], à une Idée platonicienne, il en vient à poser, comme on le voit dans le texte, une essence de la Septième qui serait tout autant irréductible à la partition qu'à ses différentes interprétations – essence de la Septième qui serait en dehors du temps et qui aurait un temps propre, son propre temps, dont on ne voit pas trop bien ce qu'il est…

On ne peut, pour Sartre, parler de la Septième « en personne » que d'une manière négative. Lorsque j'écoute une interprétation de Furtwängler ou d'un autre, « je suis donc face à la Septième, mais à la condition expresse de ne l'entendre *nulle part* » [3] : « elle se donne *en personne*, mais comme absente ». Toutefois, puisque l'exécution est explicitement qualifiée par Sartre d'« *analogon* » [4] de l'essence de la Septième, comment ne pas en conclure qu'elle est un *signe* qui renvoie une essence qui lui reste irréductible ? D'une part, comment la Septième peut-elle se donner *en personne* dans une exécution qui n'est qu'un

---

1. J.-P. Sartre, *L'Imaginaire, op. cit.*, p. 370.

2. *Ibid.*, p. 371 : « Il ne faut pas se figurer (…) qu'elle [*sc.* la Septième] existe dans un autre monde, dans un ciel intelligible ».

3. *Ibid.*, p. 370.

4. *Ibid.*

analogon, et, d'autre part, suffit-il de dire que la Septième n'est pas ailleurs et donc qu'elle n'est nulle part pour échapper au piège qui consiste à la penser à la manière d'une essence ? Le véritable problème, en définitive, n'est pas abordé : il consiste à déterminer précisément cette « essence » ou cette Septième « en personne », pour autant que c'est elle qui fonde, dans le processus cognitif, la reconnaissance et le processus d'attribution (donc ce qui permet à l'auditeur d'affirmer : « c'est une exécution de la Septième de Beethoven »).

Boris de Schloezer, qui cite longuement le texte de Sartre dans *Introduction à J.S. Bach*, souligne la différence entre la position de Sartre et sa propre position – ce qui nous permet en retour de mieux saisir la position de Sartre. Sartre écrit que

> la *Septième Symphonie* n'est pas du tout *dans le temps. Elle échappe donc entièrement au réel.* Elle se donne en personne, mais comme absente, comme étant hors de portée. (…) Elle se donne comme un perpétuel ailleurs, une perpétuelle absence [1].

Schloezer est d'accord avec Sartre pour dire que la Septième « en personne » n'est ni dans la partition ni dans aucune des exécutions (puisque c'est au contraire en vertu de cette Septième en personne que je peux appréhender une exécution comme étant une exécution de la Septième). Cependant, s'il est d'accord avec Sartre pour refuser l'idée selon laquelle la Septième « en personne » se trouverait « dans un monde nouménal, dans un "lieu intelligible" » [2], il refuse toutefois d'admettre que la Septième en personne est « hors du temps et de l'espace » [3] et donc « irréelle » [4]. Son argument est

---

1. J.-P. Sartre, *L'Imaginaire*, *op. cit.*, p. 370-371.

2. B. de Schloezer, *Introduction à J.S. Bach*, « Idées », Paris, Gallimard, 1979, p. 61.

3. *Ibid.*, p. 60.

4. *Ibid.*, p. 61.

le suivant : la Septième et, plus largement, toute œuvre musicale, possède un sens qui lui est immanent – par opposition à
une proposition du langage ordinaire qui possède un sens trans-
cendant, pour autant que ce sens peut être dit grâce à d'autres
mots, alors qu'en musique on ne peut pas utiliser d'autres sons
pour « dire » le sens de la phrase musicale qu'on a « énoncée »
auparavant[1]. Dès lors, son sens n'est pas seulement immanent
mais également concret (chap. I), car il se donne tout entier
dans chaque exécution[2]. Toute exécution, à partir du moment
où elle est reconnue et identifiée comme étant une exécution
de telle œuvre (la Septième par exemple), réalise dès lors
l'essence de cette œuvre (la Septième en personne).

On remarquera toutefois que, si Schloezer croit échapper
aux difficultés de la position de Sartre, sa position est tout
autant intenable, même si c'est pour d'autres raisons. Chez
Sartre, le statut unilatéralement négatif accordé à la Septième
« en personne » apparaît comme une tentative pour sauvegarder l'irréductibilité de la Septième à la diversité des exécutions
comme à la partition, par laquelle l'auteur croit ne pas tomber
dans une métaphysique qui accorderait un statut d'essence
platonicienne à la Septième en personne. Or, en déterminant
positivement la Septième en personne à titre de sens immanent
et concret[3], Schloezer réintroduit ce à quoi il croit pourtant
échapper. Car la question qui se pose est alors de savoir quel
est le *statut* de ce sens. Et le discours de Schloezer présuppose
sans cesse l'existence de ce sens qui, puisqu'il est toutefois
irréductible à la partition et aux diverses exécutions – pour
autant que, se donnant tout entier à chaque fois, il est dès lors

---

1. Qu'un tel argument est tout à fait contestable, on le voit dans le texte de
Wittgenstein commenté ici même – voir aussi N. Ruwet, *Langage, musique,
poésie*, Paris, Seuil, 1972, p. 46.

2. B. de Schloezer, *Introduction à J.S. Bach, op. cit.*, p. 44.

3. *Ibid.*

irréductible à chacune des exécutions[1] –, se révèle alors exister à la manière d'une essence platonicienne.

Reformulons la question. Comment se fait-il que je puisse appréhender une exécution d'une œuvre comme étant l'exécution de telle œuvre que j'ai entendue plusieurs fois dans différentes interprétations? Je peux, bien évidemment, me référer à la partition en vertu de laquelle j'identifie cette exécution comme étant une *interprétation* de l'œuvre, par exemple de la Septième de Beethoven. Cependant, le fait de ne pas connaître la partition, et plus largement de ne pas savoir lire une partition, ne m'empêche nullement d'identifier une exécution comme étant une exécution de la Septième de Beethoven. Quelle est (ou quelles sont) alors la (ou les) caractéristique(s) commune(s) à cette nouvelle exécution et à celle(s) antérieure(s) qui me permet(tent) de reconnaître et d'identifier ce que j'entends comme étant une exécution de la Septième de Beethoven? L'identification passe nécessairement par la reconnaissance d'une certaine structure musicale, essentiellement mélodique et rythmique. Ce que je reconnais, c'est une certaine mélodie qui se déploie, donc la hauteur des notes qui se succèdent ainsi que leur durée. On remarquera que la dimension rythmique est aussi importante que la dimension mélodique: on reconnaît parfois moins une mélodie parce qu'on nous a fredonné les différentes hauteurs telles qu'elles s'organisent et se distribuent dans la durée que parce qu'on nous a bien fredonné la structure rythmique très spécifique qui caractérise tel morceau.

Plusieurs remarques s'imposent. La première consiste à souligner que l'identification des hauteurs est une identification relative – et que, plus largement, l'*identité* même des hauteurs d'une œuvre musicale reste du coup elle-même relative. Si

1. B. de Schloezer, *Introduction à J.S. Bach*, *op. cit.*, p. 44.

j'écoute un même air de l'*Orphée* de Gluck par un haute-contre et ensuite par un ténor, il s'agit certes d'un même air, mais transposé : dès lors, les rapports de hauteur entre les notes restent les mêmes, mais les hauteurs prises en elles-mêmes, c'est-à-dire d'une manière absolue, sont totalement différentes. Certes, il est vrai que la pochette du disque précise, pour cet exemple, qu'il s'agit dans le premier cas de la version origi-naire, dite version de Vienne (1762), alors qu'il s'agit dans le second cas de la version parisienne (1774). Autrement dit, il ne s'agit pas véritablement de la *même* œuvre. Certes, mais consi-dérons ce qu'on appelle la musique baroque et par exemple un air de la *Passion selon Saint Matthieu* de Bach. Soit l'air *Erbarme dich, mein Gott (Prends pitié, mon Dieu)*, que j'entends, d'abord par la mezzo soprano Christa Ludwig dans la version Otto Klemperer (Emi) – ou bien par Julia Hamari dans la version Wolfgang Gönnenwein (Emi) – et ensuite par René Jacobs dans la version Gustav Leonard (Harmonia Mundi). Cette dernière version est ce qu'on appelle une version baroque. Celle-ci se caractérise, entre autres, par le choix d'un diapason plus bas que dans les versions antérieures. La hauteur absolue des notes n'est donc pas la même. À nouveau, si les rapports entre les notes restent les mêmes, ces notes elles-mêmes n'ont pas la même hauteur que dans les versions antérieures. Et c'est pourtant de la même œuvre qu'il s'agit.

On remarquera au passage que ce qui fonde l'identité d'une œuvre, ce n'est absolument pas le timbre, puisque la même œuvre peut être chantée par des voix différentes et exécutée par des instruments différents. En ce sens, le timbre n'est nullement une caractéristique essentielle de la structure sonore. Jerrold Levinson défend pourtant une telle idée dans ses travaux sur la musique en donnant l'argument suivant :

> les compositeurs ne décrivent pas des modèles sonores purs en termes qualitatifs, laissant leurs moyens de production indé-

terminés. (…) L'idée que les compositeurs des trois derniers
siècles ont généralement composé des modèles sonores purs,
auxquels ils étaient suffisamment aimables d'adjoindre des
suggestions sur la façon dont elles pouvaient être réalisées,
n'est absolument pas plausible [1].

Or cette idée n'est pas seulement plausible, elle énonce
simplement un état de chose qui n'a changé qu'avec
Beethoven et sur lequel les historiens de la musique sont
en parfait accord. Ainsi Charles Rosen, par exemple, écrit-il,
certes sans l'ironie de Levinson, mais avec un autre sens de la
vérité historique :

il est à peine exagéré de dire que la composition, au début
du xviiie siècle, consistait à définir des schémas abstraits de
hauteur et de rythme destinés à être mis en œuvre ultérieu-
rement (…) au moyen de la couleur instrumentale, de la texture
et des ornements [2].

Les histoires de la musique ne cessent de souligner que,
pour Bach ou Couperin par exemple, les instruments de
tessiture voisine sont interchangeables. Dès lors, ce qui
importe, ce n'est pas le timbre, mais ce sont les hauteurs : ainsi
la flûte traversière peut-elle prendre en charge une partie de

---

1. J. Levinson, « Qu'est-ce qu'une œuvre musicale ? », *L'Art, la musique
et l'histoire*, trad. fr. J.-P. Cometti et R. Pouivet, Paris, Éditions de l'Éclat,
1998, p. 57.

2. C. Rosen, *La Génération romantique*, trad. fr. G. Bloch, Paris,
Gallimard, 2002, p. 55. Voir aussi p. 33 : « Avant Schumann et Liszt, la sonorité
ne servait qu'à habiller les hauteurs et les rythmes : quel qu'ait été, de Giovanni
Gabrieli à Couperin et Mozart, le génie des compositeurs pour l'instrumentation, nul n'avait fait de la couleur sonore un élément déterminant de la
forme ». Voir aussi p. 26 et 27 sur Bach : « la sonorité ne joue pas un rôle important dans l'art contrapunctique de Bach. *Le Clavier bien tempéré*, par exemple,
a été exécuté sur des instruments de qualité sonore aussi différente que le
clavecin, le clavicorde, l'orgue ou le pianoforte au début du xviiie siècle, (…).
Cette musique n'est qu'en partie conçue en fonction de ce qui s'entend : elle
échappe à toute traduction intégrale dans le domaine de l'audible ».

violon, tant que cette partie ne descend pas au dessous du ré.
De plus, lorsque deux instruments n'ont pas la même tessiture,
ces musiciens autorisent la transcription (comme en témoigne
le fait qu'ils l'ont eux-mêmes pratiquée).

La deuxième remarque – remarque d'importance – est la
suivante. Dans la musique occidentale, la référence ultime est
la partition, puisque c'est *sur* la partition que repose *toute*
interprétation (et non l'inverse). Dès lors, *c'est la partition qui
fonde l'identité même de l'œuvre*. L'air de Wolfram dans le
troisième acte du *Tannhäuser* de Wagner, qu'on appelle la
« Romance à l'étoile », c'est d'abord un ensemble de signes
qui sont scrupuleusement notés et consignés dans un livre. Dès
lors, l'exécution, si elle prétend être une exécution de la
« Romance à l'étoile », ne peut absolument pas s'écarter de ce
qui est écrit dans la partition. Du point de vue logique, l'air que
j'entends n'est une exécution de la « Romance à l'étoile » que
s'il respecte rigoureusement les durées et les hauteurs qui sont
inscrites dans la partition, comme le souligne N. Goodman
dans *Langages de l'art* :

> puisqu'une concordance complète avec la partition est la seule
> condition requise pour qu'on ait un exemple authentique d'une
> œuvre, la plus déplorable exécution mais sans fautes effectives
> en sera un exemple, contrairement à l'exécution la plus
> brillante qui contiendrait une unique fausse note [1].

Car, ajoute l'auteur,

> si nous autorisons la moindre déviation, toute assurance de
> préserver la partition est perdue ; car par une série d'erreurs,
> d'omission, d'addition et de modification n'affectant qu'une
> note, nous pouvons faire tout le trajet qui mène de la *Cinquième
> Symphonie* de Beethoven au *Trois souris aveugles* [2].

1. N. Goodman, *Langages de l'art*, *op. cit.*, p. 225.
2. N. Goodman, *Langages de l'art*, *op. cit.*, p. 225.

Curieusement, Goodman ne parle que des hauteurs mais jamais des durées. Cela veut-il dire qu'il faut scrupuleusement respecter celles-là, mais nullement celles-ci ? Cependant, puisque « si nous autorisons la moindre déviation, toute assurance de *préserver la partition* est perdue » (c'est nous qui soulignons), cela signifie que ce qui vaut pour les hauteurs (la « fausse note ») vaut également pour la structure rythmique – car, sur ce point aussi, « par une série d'erreurs, d'omission, d'addition et de modification n'affectant qu'une note, nous pouvons faire tout le trajet qui mène de la *Cinquième Symphonie* de Beethoven au *Trois souris aveugles* ». Bref, s'il est vrai, comme le reconnaît l'auteur dans un autre ouvrage, que la partition « ne prescrit pas complètement et précisément l'exécution »[1], dans la mesure où peuvent ne pas figurer tout autant le tempo que des indications dynamiques et expressives, il n'en reste pas moins vrai que l'identification d'une exécution comme étant l'exécution de *telle ou telle œuvre* n'est possible, *du point de vue logique*, que si les durées et les hauteurs, qui, elles, sont strictement notées – du moins à partir du XVIIIe siècle –, sont respectées[2].

Cela posé, la thèse de Goodman a une conséquence redoutable, d'une part, et elle repose, d'autre part, sur un présupposé qui peut être critiqué. La conséquence redoutable est la suivante. C'est que, par exemple, aucune exécution du *Tristan et Isolde* de Wagner ne peut du coup être considérée comme une exécution de la partition qui porte ce titre, dans la mesure où il y a toujours une différence entre celle-ci et celle-là : aucune Isolde ne fait toutes les notes inscrites dans la partition.

---

1. N. Goodman et C.Z. Elgin, *Reconceptions en philosophie dans d'autres arts et dans d'autres sciences*, trad. fr. J.-P. Cometti et R. Pouivet, Paris, PUF, 1994, p. 67.

2. Nous insistons : si Goodman n'évoque nullement ce point, on y est logiquement conduit dès qu'on admet les présupposés de son raisonnement.

Quant au présupposé d'une telle thèse, il consiste tout simplement dans le fait que, pour Goodman, la partition constitue, dans la musique occidentale, le point de référence absolu, c'est-à-dire qu'elle est à proprement parler la musique. Selon lui, une œuvre musicale se trouve *d'abord*, non pas dans ses interprétations, mais dans la partition à l'aune de laquelle seule on peut juger d'une interprétation. Il est certes vrai que la partition est le critère *fondamental* qui peut fonder l'appréciation d'une exécution, mais en même temps cette partition n'est, comme on l'a souligné, que de la musique *possible* et en aucun cas de la musique *réelle* ou *effective*. Même pour celui qui ne se contente pas d'*écouter* de la musique, mais qui *lit* la partition, cette lecture équivaut immédiatement à une exécution (certes inaudible) qui seule fait advenir la musique comme telle. En ce sens, la musique n'existe pas encore dans la partition, pour autant qu'on peut très bien, lorsqu'on ne possède pas un niveau suffisant de solfège, identifier les notes et les durées sans pour autant entendre ce qu'on lit. Lire de la musique n'a de sens que pour autant qu'on convertit immédiatement ce qui est écrit en un chant intérieur qui donne un sens à la partition, qui investit cette partition d'un sens véritablement musical. Partant, *la musique est d'abord quelque chose qui s'écoute*, et cela même pour quelqu'un qui la lit.

On pourra certes rétorquer que Goodman ne dit pas le contraire, puisqu'il parle des « réquisits sémantiques »[1] qui font de la musique un langage, et en vertu desquels, dans les partitions pour piano, « les mêmes événements sonores concordent avec les caractères pour *do*-dièse, *ré*-bémol, *mi*-triple bémol, *si*-double dièse, et ainsi de suite »[2]. Autrement dit, les notes n'ont de sens que pour autant qu'elles renvoient à

1. N. Goodman, *Langages de l'art, op. cit.*, p. 221.
2. N. Goodman, *Langages de l'art, op. cit.*, p. 221.

des sons. Cependant, ce qui est étrange, c'est qu'une telle manière de comprendre la musique peut paraître simpliste pour autant qu'elle suppose qu'une œuvre n'est rien d'autre que la simple somme de ses composants. Il suffit donc de faire les notes inscrites sur la partition, donc de respecter les hauteurs et les durées, pour faire de la musique.

Si une telle thèse peut paraître naïve, c'est parce que l'adéquation entre la partition et l'exécution, présupposée par Goodman comme effective et donc possible, ne va pas de soi.

Premier argument. Dans le texte de Goodman, on l'a dit, faire de la musique revient tout simplement à faire les notes, à jouer ce qui est écrit – alors que tout débutant qui apprend un instrument s'est entendu un jour dire par son professeur qu'il ne suffit pas de faire les notes pour faire de la musique. Ce que Goodman semble négliger, c'est que l'œuvre n'est pas réductible à la somme de ses parties et à une combinaison mécanique, à la manière d'un logiciel informatique dans lequel on entre une partition afin d'entendre les sons correspondants. C'est exactement en ce sens que Gisèle Brelet écrit dans *Le Temps musical* :

> L'écriture, pour traduire le rythme, nécessairement le contraint à rentrer dans un cadre intelligible qui seul le rend communicable ; mais aussi l'écriture réagit sur le rythme vivant, l'oblige à devenir tel qu'il puisse être noté... La mesure ne substitue pas seulement des relations numériques aux relations qualitatives, mais elle marque la soumission de la durée libre et fantaisiste au temps homogène de la science, l'immolation de la durée concrète au temps intelligible, et le triomphe de l'analyse dissolvante sur la synthèse créatrice [1].

Exemple : à partir du moment où la plus simple partition, si elle est certes un flux continu, se découpe toutefois en moments

---

1. G. Brelet, *Le Temps musical*, Paris, PUF, 1949, t. I, p. 185.

qu'on appelle des phrases, l'exécutant attentif à la structure musicale du morceau ne jouera pas le morceau legato, mais introduira au contraire une discontinuité en découpant ou plus précisément en *déliant* certaines notes pour autant qu'elles marquent le début ou la fin d'une phrase. Cependant, c'est dès lors la durée de la note qui se trouve affectée, pour autant qu'on ne peut pas introduire ce délié (impossible pour l'ordinateur) sans empiéter sur la valeur de la note !

Deuxième argument. L'amateur de musique peut d'autant mieux mesurer aujourd'hui le gouffre qui sépare la partition de l'exécution que le mouvement baroque, inauguré par les interprétations de Alfred Deller dans les années soixante, a aujourd'hui quasiment quarante ans. Que nous ont appris les initiateurs de la musique baroque ? Précisément que la partition est, non pas *lue*, mais *interprétée*. Si les tenants de ce mouvement ont inauguré quelque chose de nouveau, c'est parce que, jusqu'à eux, les partitions de la musique baroque, qui utilisent la même notation que les partitions de la musique postérieure, était lues à l'aune des critères qui sont les nôtres aujourd'hui et qui nous sont transmis depuis le XIXe siècle. Or, comme le développe le violoncelliste et chef d'orchestre Nikolaus Harnoncourt dans *Le Discours musical*, les mêmes signes ne signifiaient pas la même chose à l'époque de Monteverdi, Bach et Mozart. Harnoncourt donne l'exemple de la note pointée. Si le point, pour nous aujourd'hui, signifie qu'il faut ajouter à la note la moitié de sa valeur, ce n'était pas du tout le cas au XVIIIe siècle :

> il n'existe pas dans notre notation de méthode de représentation qui permette de différencier les infinies possibilités d'exécution des rythmes pointés, allant des valeurs de notes presque égales au surpointage le plus incisif ; sur le papier à musique, tous les rythmes pointés se ressemblent, quelle que soit leur signification. Il est cependant établi, ainsi qu'il ressort

d'innombrables traités des époques les plus diverses, qu'il existait un nombre incalculable de variantes pour jouer ces rythmes pointés, lesquelles consistaient essentiellement à prolonger le point; autrement dit, la note brève qui suit le point devait être jouée après le « bon » moment, presque au tout dernier instant [1].

Enfin, notre troisième argument touche directement ce qu'écrit Goodman. Le philosophe se réfère à la partition comme si celle-ci existait à la manière d'une entité fixe et solide, unique et intemporelle – et c'est également le cas de Levinson, malgré les corrections qu'il apporte aux thèses de Goodman [2] : tous deux se réfèrent à la partition sans qu'on trouve chez eux une analyse et une description historique de ce qu'on entend par là. On peut certes parler de la partition sans déterminer son statut, croyant naïvement qu'à chaque œuvre correspondait sa partition, mais c'est alors ignorer superbement les problèmes. Premièrement, outre qu'il y a, pour beaucoup de compositeurs, des problèmes liés à l'édition [3], il n'y a pas toujours de manuscrit autographe du musicien lui-même – comme c'est le cas pour les *Six Suites pour violoncelle* de Bach (BWV 1007-1012), toutes les éditions s'appuyant sur un manuscrit de Anna Magdalena Bach qui n'est pas exempt de défauts, et sur une copie d'un organiste admirateur de Bach,

---

1. N. Harnoncourt, *Le Discours musical*, trad. fr. D. Collins, Paris, Gallimard, 1984, p. 43-44. Voir aussi p. 44 : « Les signes d'articulation tels les points et les liaisons sont souvent mal interprétés, car on ne sait pas suffisamment que leur signification diffère avant et après 1800 et on n'en tient pas compte ».

2. Voir J. Levinson, « Qu'est-ce qu'une œuvre musicale ? », *op. cit.*, p. 73 (la distinction entre instance et exécution, introduite par Levinson pour corriger les thèses de Goodman, présuppose encore et toujours l'*unicité* et la *transparence* de la partition).

3. Voir C. Rosen, *Aux confins du sens, op. cit.*, p. 42-44 (voir p.ex. l'erreur introduite par l'éditeur dans l'édition Zimmerman des *Mazurkas* de Chopin).

J. P. Kellner, perdue aujourd'hui et qu'on ne connaît qu'à travers l'édition de la « Bach-Gesellschaft ». Deuxièmement, outre qu'il y a toujours pour une œuvre musicale, même lorsqu'on dispose d'un manuscrit de l'auteur, plusieurs éditions qui pourtant diffèrent[1], que faire quand certains ont apporté des corrections – ou bien, tel Schumann, révisé leurs œuvres de jeunesse ? Faut-il, pour les *Davidsbündlertänze* par exemple, préférer la seconde édition révisée à la première ?

Ce n'est pas tout. Rosen, dans *Aux confins du sens*, souligne que, même s'il s'agit de « cas-limites »[2], il arrive que le compositeur se trompe, comme en témoigne « le très célèbre et controversé la dièse du premier mouvement de la Sonate *Hammerklavier* opus 106 »[3]. La question est de savoir s'il faut jouer le la dièse – possible erreur de Beethoven, pour autant que cette note n'a aucun sens *dans le contexte musical* en question et ne peut à la limite posséder qu'un intérêt *dramatique* –, ou bien s'il faut lui substituer un la bécarre. Rosen conclut :

> j'ai, pour ma part, joué ce la dièse litigieux et continuerai à le faire. Il est du devoir moral de l'interprète de choisir la version qu'il juge musicalement supérieure, quelle que soit l'intention clairement écrite du compositeur, mais il est aussi de la responsabilité morale du pianiste de parvenir à se convaincre que le compositeur savait ce qu'il faisait[4].

---

1. « Entre l'*Urtext* de la Sonate pour arpeggione de Schubert publié par Henle et celui des éditions Bärenreiter, on peut relever plus de trois cent divergences. Les deux textes partent pourtant d'une seule et même source : le manuscrit de l'auteur », X. Gagnepain, *Du musicien en général... au violoncelliste en particulier*, Paris, Publications de la Cité de la musique, 2001, p. 97.

2. C. Rosen, *Aux confins du sens, op. cit.*, p. 22.

3. *Ibid.*, p. 22.

4. C. Rosen, *Aux confins du sens, op. cit.*, p. 31. Voir aussi l'exemple tiré du début de la Sonate en si bémol mineur de Chopin (p. 32-33). Voir enfin ce que

On comprend ce qui est en jeu derrière les remarques de Rosen. Dès qu'on prend conscience du fait que la partition n'est pas une entité qui serait *donnée* et *absolument transparente* – car elle est plus un problème qu'un fait –, il apparaît que suivre la partition « fidèlement et avec pédanterie serait le plus sûr moyen de tomber dans l'erreur »[1]. Et si cela vaut même pour « la partition originale », c'est parce que, face à un problème posé par le texte, il ne suffit pas de retourner au manuscrit du musicien ou à l'édition de référence, car celles-ci « *doivent être confirmées par des arguments musicaux* »[2].

Bref, il résulte de tout ce qui précède que la reconnaissance de l'œuvre exécutée et son identification n'impliquent nullement, à titre de condition de possibilité logique, une stricte observance des hauteurs et des durées – pour autant que cette stricte observance est absolument impossible, d'une part, et que, d'autre part, la reconnaissance se produit *de fait* sans qu'il y ait une adéquation parfaite et totale entre l'exécution et la partition. Dès lors, cette reconnaissance factuelle implique, à titre de condition de possibilité, qu'il y ait simplement des traits généraux d'ordre rythmique et mélodique qui soient préservés – exactement comme lorsque Liszt écrit ses *Réminiscences de Don Juan*, et que l'auditeur reconnaît immédiatement les thèmes de l'opéra mozartien malgré les transformations qu'ils subissent.

Nelson Goodman remarque certes justement :

---

dit N. Harnoncourt (entretien avec H. Krones), dans le livret accompagnant le coffret de son enregistrement des neuf symphonies de Beethoven (Teldec, 2292-46452-2), à propos du problème des partitions et des sources (substitution d'un ré à un si *b* dans le deuxième thème du premier mouvement de la neuvième symphonie, etc.).

1. *Ibid.*, p. 22.
2. *Ibid.*, p. 36 (c'est nous qui soulignons).

Mais ce n'est pas à dire que les exigences qui inspirent notre discours technique ont besoin de régir notre parole quotidienne. Je ne recommande pas, dans le discours ordinaire, qu'on refuse de dire d'un pianiste qui manque une note qu'il a exécuté une *Polonaise* de Chopin, pas plus que je refuse d'appeler une baleine un poisson, la Terre une sphère, ou un Blanc un humain rose-grisâtre [1].

Mais ce qui est précisément contestable, c'est cette distinction tout à fait artificielle entre le discours technique et la parole ordinaire. Car cette distinction vaut et ne vaut précisément que pour Goodman, qui l'établit d'une manière dogmatique, dans la mesure où, *de fait*, le critique musical, qui se situe au moins de droit dans une perspective qui est précisément celle du discours technique et non de la parole ordinaire, ne soutient pas que Pavarotti, parce qu'il ne fait pas certaines notes aiguës dans un air d'Idoménée, ne chante pas l'*Idoménée* de Mozart – ou bien que Fischer-Dieskau, parce qu'il ne fait pas le saut de deux octaves inscrit par Nietzsche dans un lied (mais se contente d'une octave), ne chante pas pour autant ce lied. Les exemples, on s'en doute, sont légion.

On ne peut comprendre comment s'opère la reconnaissance d'une œuvre musicale, donc le problème de l'identification, que d'une manière analogue à ce que Wittgenstein, dans les paragraphes 66 et 67 des *Recherches philosophiques*, thématise sous le nom de « ressemblance de familles ». On se souvient que Wittgenstein nie, à propos des processus qu'on rassemble sous le nom de « jeu », qu'il puisse y avoir une caractéristique commune à tous les différents jeux. Ce qui permet toutefois de les rassembler sous une appellation commune, c'est qu'on peut passer d'une manière continue de l'un à l'autre, pour autant qu'une caractéristique *a* est commune au

1. N. Goodman, *Langages de l'art, op. cit.*, p. 226.

premier et au deuxième jeu, qu'une caractéristique *b* est commune au troisième et au quatrième, qu'une caractéristique *c* est commune à etc.

On comprend ce qui fonde la reconnaissance d'une exécution : ce n'est pas le respect absolu du texte, c'est-à-dire de la partition, mais seulement le respect d'éléments fondamentaux qui permettent la reconnaissance et l'attribution du type « c'est une exécution de telle œuvre ». Il n'est pas nécessaire que tous les éléments fondamentaux figurent dans l'exécution pour que la reconnaissance soit possible et effective. Autrement dit, si, à partir de l'analyse de la partition, on doit pouvoir faire la liste des éléments fondamentaux qui caractérisent l'œuvre, soit *a*, *b*, *c*, *d*, *e*, et *f*, il suffit qu'une exécution I fasse apparaître par exemple *a* et *b*, ou bien qu'une exécution II, elle, retienne *e* et *f*, pour que la reconnaissance soit assurée. Par exemple, pour le *Boléro* de Ravel, il suffit de fredonner la cellule rythmique répétitive, indépendamment de toute hauteur des notes, pour que l'amateur, si tant est qu'il connaisse l'œuvre, puisse la reconnaître.

Où se trouve donc l'œuvre musicale ? Elle n'est donc pas dans la partition, mais elle n'est pas non plus réductible à la multiplicité des exécutions singulières et imparfaites. Elle n'est pas, de plus, dans une structure sonore à laquelle renverrait la partition à la manière d'une essence platonicienne. G. Brelet écrit dans *L'Interprétation créatrice* que, au fond, « l'œuvre est un idéal et non un donné ou une chose, et ce qu'elle laisse transparaître d'elle-même dans le texte écrit n'est que le phénomène de son être »[1]. Comment résoudre autrement et mieux le problème ? Pour employer des termes kantiens, on dira que l'œuvre n'est nullement une chose en soi, quelque chose qui serait placé derrière et que l'on n'aurait qu'à

1. G. Brelet, *L'Interprétation créatrice*, Paris, PUF, 1951, t. I, p. 83.

découvrir (un « donné »), mais au contraire une Idée de la raison, un *idéal régulateur*, c'est-à-dire quelque chose qui est placé devant, à l'horizon, vers lequel on tend mais sans pouvoir l'atteindre (une *unendliche Aufgabe* dans les deux sens du terme *Aufgabe* : à la fois un problème et une tâche infinis), et à quoi participe (nécessairement imparfaitement) chaque exécution. Si l'œuvre n'est pas une chose en soi, c'est parce qu'elle est un but créé imaginairement à partir d'une sélection opérée entre les diverses interprétations – au sens où le critique musical André Tubeuf écrit quelque part que, pour telle œuvre, on peut se créer à partir de quelques interprétations de référence, mais toujours abîmées par quelque imperfection, une version exemplaire rêvée c'est-à-dire imaginée [1]. On comprend quelle est la différence, par exemple, entre la Joconde de Vinci et la Septième de Beethoven : alors que

---

1. R. Ingarden écrit dans *Qu'est-ce qu'une œuvre musicale ?*, présentation et trad. fr. D. Smoje, Paris, C. Bourgois, 1989, p. 178 : « (…) il faut reconnaître à l'œuvre musicale le caractère d'objet purement intentionnel. Cette affirmation est confirmée par le fait que l'œuvre musicale, en tant que complément de la partition, est un objet schématique, portant en puissance une multitude de formes concrètes. Il n'y a pas d'objet individuel réel (en particulier, pas de chose réelle) qui puisse être une production schématique, indéfinie (indéterminée) de plusieurs points de vue, et à laquelle, en outre, correspondrait une pluralité de formes possibles, réalisées par les exécutions individuelles. Seul l'être véritable de ces objectivités, hétéronomes de par leur essence, et surtout intentionnelles, peut suffire à cette exigence ». Outre que nous soutenons ici nous aussi l'idée selon laquelle l'œuvre musicale est un objet intentionnel, les propositions de ce texte ne s'accordent que si on les décontextualise avec notre thèse. Car Ingarden introduit une opposition *radicale* entre l'œuvre musicale et les exécutions, ce qui le conduit à opposer l'œuvre musicale et l'expérience vécue (p. 60) (*i.e.* les exécutions) et, partant, à affirmer que l'œuvre musicale n'est nullement dans les exécutions : l'œuvre musicale, selon lui, n'est pas un événement sonore et demeure une création *supra* temporelle (p. 83). Nous ne comprenons pas comment il est possible de penser et de déterminer l'objet musical en dehors de ses qualités sensibles c'est-à-dire sonores (c'est-à-dire à titre de pur schème abstrait qui n'est pas encore de la musique).

celle-ci est déjà là, qu'elle est donnée toute entière dans l'œuvre unique qui porte ce nom au musée du Louvre, celle-là, si elle n'est certainement pas nulle part (ce qui littéralement ne veut rien dire), est toutefois dans toutes les interprétations dans lesquelles elle se réalise ou s'actualise : mais, dès lors, elle n'est jamais donnée puisqu'elle reste toujours à venir – au sein de l'exécution parfaite qui n'est que la somme de toutes les exécutions, non pas effectives, mais plus largement possibles. De là, peut-être, la différence entre la peinture (mais aussi plus largement la sculpture, l'architecture) et la musique (ou bien le théâtre). Alors que l'œuvre picturale, à titre d'*objet donné*, se regarde, l'œuvre musicale, *à titre de problème ou de tâche*, se fait et se joue – sans qu'on en ait jamais fini avec elle : si aimer la peinture n'implique pas nécessairement qu'on veuille être peintre, aimer la musique implique de ce fait qu'on veuille, au moins un instant, être musicien, pour réaliser l'œuvre qu'on écoute pour autant qu'elle ne se donne jamais toute entière dans l'exécution.

EN QUEL SENS LA MUSIQUE EST-ELLE UN LANGAGE ?

On a déjà évoqué une signification de l'expression selon laquelle la musique est un langage – il est vrai propre à la musique occidentale, puisque cette signification est liée au statut de la partition. La musique est un langage au sens où la partition renvoie à des événements sonores qu'elle symbolise : « la plupart des caractères d'une partition musicale (…) sont syntaxiquement disjoints et différenciés. Le schéma symbolique est donc effectivement notationnel, et le langage des partitions véritablement un langage » [1]. Mais ce n'est pas de cette question qu'il s'agit lorsqu'on évoque en général le problème de savoir si la musique est un langage.

La question est très exactement celle de savoir si la musique, *exactement comme notre langage ordinaire*, possède une dimension *sémantique*. On peut se demander si une telle question est vraiment pertinente et légitime, lorsqu'on lit les mots de J.-J. Nattiez dans le chapitre introductif du volume II de l'encyclopédie *Musiques* :

> Certes, il y a une dimension sémantique de la musique : *La Mer* de Debussy dénote bien le bruit des vagues, le solo du cor anglais de *Tristan* connote la nostalgie, *Till Eulenspiegel* de Strauss évoque la joie et l'humour [2].

Mais ce n'est pourtant nullement une évidence, et une telle affirmation, au fond, n'équivaut à rien d'autre qu'à ce que Woody Allen écrit à propos d'un ballet imaginaire intitulé *Le Maléfice* :

> L'ouverture commence par le joyeux fracas des cuivres, tandis qu'en arrière-plan, la contrebasse semble nous lancer un avertissement : « N'écoutez pas ces cuivres. Qu'est-ce que les cuivres connaissent à la Vie ? » [3].

La question, en effet, est de savoir si la musique possède un sens extra musical, c'est-à-dire si une phrase musicale renvoie

1. N. Goodman, *Langages de l'art*, *op. cit.*, p. 221. L'auteur ajoute : « Le langage d'ensemble des partitions musicales, en tant qu'il offre un libre choix entre la basse chiffrée et la notation spécifique, n'est donc pas véritablement notationnel. Il comprend plutôt deux sous-systèmes notationnels ; on doit désigner celui dont on se sert et s'y tenir si l'on veut assurer l'identification d'une œuvre d'exécution à exécution » (*ibid.*, p. 225).

2. J.-J. Nattiez, « Pluralité et diversité du savoir musical », *Musiques. Une encyclopédie pour le XXIe siècle*, *op. cit.*, p. 24.

3. W. Allen, *Dieu, Shakespeare et moi. Opus 1*, trad. fr. M. Lebrun, « Points », Paris, Solar, 1985, p. 74.

à un état de chose ou à un événement du monde qu'elle décrirait par le moyen des sons – à la manière où une proposition de notre langage ordinaire possède une signification pour autant qu'elle renvoie à un état de chose qu'elle dépeint par le moyen des mots, pour utiliser les termes de Wittgenstein dans le *Tractatus logico-philosophicus*.

La musique semble pouvoir être assimilée à un langage, puisqu'elle possède un vocabulaire et une syntaxe. Le vocabulaire, ce sont les notes, et la syntaxe, ce sont les lois qui régissent les rapports entre les sons et qui permettent donc de les assembler – en somme, les traités d'harmonie pour ce qui est de la musique tonale, lesquels enseignent, non pas ce qui est « beau », mais ce qui est « correct » par opposition à ce qui est « erroné ». De plus, il est vrai que l'œuvre musicale apparaît tel un discours, dans lequel on peut découper des « phrases » (ce terme étant un terme technique, utilisé dans les livres d'analyse), ou bien dans lequel surgissent des « idées » qui peuvent être « répétées », « variées » ou « développées ». Indépendamment de la question de savoir ce qu'est une « idée musicale » – c'est-à-dire s'il s'agit d'une simple trouvaille ponctuelle ou, au contraire, comme l'écrit Schoenberg qui critique une telle conception, de la loi d'organisation qui régit les différents moments d'une œuvre [1] –, notre question, ici, est de savoir s'il est possible de filer la métaphore : puisque la musique, tel notre langage ordinaire, est dotée d'un vocabulaire et d'une syntaxe, est-elle comme lui susceptible d'être l'objet d'une *sémantique*, c'est-à-dire d'une analyse des significations (et, pour le dire plus précisément, des significations extra musicales) ?

---

1. Voir notre dissertation, « Schoenberg face aux problèmes de l'esthétique musicale », « *C'est ainsi que l'on crée…* » *À propos de* La Main heureuse *d'Arnold Schoenberg*, J. Caullier (dir.), Lille, Septentrion, 2003, p. 96.

Nattiez écrit dans « La signification comme paramètre musical » :

> Et pourtant, la musique est bien une forme symbolique, pour reprendre l'expression d'Ernst Cassirer, c'est-à-dire quelque chose qui, comme une phrase verbale, un mythe, une peinture ou un film, renvoie celui qui la crée et celui qui la perçoit à divers aspects de la réalité, sonore bien sûr, mais également affective, concrète, idéologique, etc. [1].

Déjà, dans l'article « Fait musical et sémiologie de la musique », Jean Molino, proche de Nattiez, écrivait : « Pourquoi qualifier la musique, au même titre que le langage, le dessin ou la religion, de forme symbolique (Cassirer, 1972) ? » [2] – renvoyant donc explicitement aux trois tomes de *La Philosophie des formes symboliques* [3].

Or, curieusement, il n'est absolument pas question de musique dans les trois tomes de *La Philosophie des formes symboliques* de Cassirer – comme si, justement, la question du statut de la musique comme forme symbolique posait plus problème pour Cassirer que pour ceux qui s'en réclament ! Jamais Cassirer n'a, *dans cette œuvre*, assimilé la musique à une forme symbolique. C'est dans l'*Essai sur l'homme* que la musique est qualifiée par Cassirer de « forme symbolique » :

> L'imagination de l'artiste n'invente pas arbitrairement les formes des choses. Elle nous dévoile leur véritable apparence ; elle les rend visibles et reconnaissables. L'artiste choisit un certain aspect du réel, mais cette sélection est en même temps

1. J.-J. Nattiez, « La signification comme paramètre musical », *Musiques. Une encyclopédie pour le XXIᵉ siècle*, *op. cit.*, t. II, p. 256.

2. J. Molino, « Fait musical et sémiologie de la musique », *Musique en jeu*, n°17 (janvier 1975), p. 44.

3. *Ibid.*, p. 61 : la bibliographie renvoie à E. Cassirer, *La Philosophie des formes symboliques*, trad. fr. O. Hansen-Love, J. Lacoste et C. Fronty, Paris, Minuit, 1972.

un processus d'objectivation. (…) Il est donc difficile de maintenir une nette distinction entre les arts objectifs et les arts subjectifs, entre les arts représentatifs et les arts expressifs. La frise du Parthénon ou une messe de Bach, la Chapelle Sixtine de Michel-Ange ou un poème de Léopardi, une sonate de Beethoven ou un roman de Dostoïevski ne sont ni purement représentatifs ni purement expressifs. Ce sont des œuvres symboliques, en un sens nouveau et plus profond [1].

Cela posé, Cassirer reste totalement vague sur le statut de la musique, parlant de l'art *en général*, puis donnant des exemples tirés des différentes formes artistiques (comme on le voit bien dans le texte cité), de sorte qu'il ne nous explique jamais *en quoi et pourquoi* la musique est une forme symbolique. Bref, la musique, chez Cassirer, ne reçoit jamais de statut conceptuel.

Quelle est donc alors cette signification extra musicale de la musique ? Nattiez, qui promet « d'apporter un peu de clarté à ces questions difficiles » [2], propose une définition de la signification :

Un objet quelconque prend une signification pour un individu qui l'appréhende lorsqu'il met cet objet en relation avec des secteurs de son vécu, c'est-à-dire l'ensemble des autres objets qui appartiennent à son expérience du monde [3].

---

1. E. Cassirer, *Essai sur l'homme*, trad. fr. N. Massa, Paris, Minuit, 1975, p. 208.

2. J.-J. Nattiez, « La signification comme paramètre musical », *op. cit.*, p. 256.

3. J.-J. Nattiez, « La signification comme paramètre musical », *op. cit.*, p. 257. Nattiez proposait déjà cette définition dans « De la sémiologie à la sémantique musicales », *Musique en jeu*, n° 17 (janvier 1975), p. 6 : « Nous dirons qu'un objet quelconque (…) prend, pour un individu qui le perçoit, une signification, quand il met cet objet en relation avec son *vécu*, c'est-à-dire l'ensemble des autres objets, concepts ou données du monde, qui font parti de son *expérience* ».

Il est clair qu'une telle définition, d'emblée, interdit tout rapprochement avec Cassirer et que si la musique est, pour celui-ci, une forme symbolique, ce ne peut être au sens énoncé par Nattiez : la forme symbolique ne peut pas être le résultat d'un acte de la subjectivité constituante, puisqu'elle fonde au contraire le partage entre le sujet et l'objet et donc la possibilité, pour la subjectivité, de s'appréhender comme telle[1]. C'est d'ailleurs pour cette raison qu'il est si difficile, pour Cassirer, de déterminer *en quoi* la musique est une forme symbolique. La notion de « forme symbolique », puisqu'elle s'applique à toutes les formes de la culture, doit donc également valoir pour la musique. Néanmoins, lorsque Cassirer détermine très brièvement la spécificité de la forme symbolique musicale, il écrit, prenant comme exemple la Neuvième de Beethoven (c'est-à-dire la première symphonie dans laquelle est introduite un texte), que « c'est toute la gamme des émotions humaines que nous entendons, de la note la plus basse à la note la plus haute : c'est le mouvement et la vibration de tout notre être »[2]. Curieusement, cette détermination très vague du symbolisme musical est exactement celle qu'on trouve chez Schopenhauer, lorsqu'il s'agit de préciser en quoi la musique symbolise la Volonté, ou bien chez le jeune

---

1. Voir par exemple l'introduction aux *Écrits sur l'art* de Cassirer (trad. fr. C. Berner, F. Capeillères, J. Carro et J. Gaubert, Paris, Le Cerf, 1995), dans laquelle J.-M. Krois rappelle que « la prégnance symbolique n'a rien à faire avec des "actes d'interprétation". Elle doit, dit Cassirer, "être en définitive reconnue comme une détermination indépendante et autonome", sans laquelle il n'y aurait pour nous ni "objet" ni "sujet" non plus qu'une unité de "l'ob-jet" ou une unité du "soi". Cela signifie que pour Cassirer il n'y a pas de "performance constitutive d'un sujet connaissant", comme dans la phénoménologie husserlienne, car il n'y a rien de tel qu'un sujet antérieur au symbolisme ».

2. E. Cassirer, *Essai sur l'homme, op. cit.*, p. 214. On verra plus loin comment la cassirerienne Susanne K. Langer a tenté de donner un statut plus précis à la forme symbolique musicale.

Nietzsche, qui, prenant d'ailleurs le même exemple, écrit que, dans la Neuvième, « le premier mouvement donne le ton d'ensemble et l'élan général de la passion et de son cours », alors que dans le dernier mouvement, « voici que s'élance le chant de la passion pour l'humain en général » [1]. Or, dès qu'on se souvient que le dernier mouvement est le mouvement vocal, l'insuffisance d'une telle caractérisation saute aux yeux.

Il est également clair qu'une telle définition qui identifie la signification avec les représentations psychologiques du sujet cognitif – et alors que tous les philosophes (de Platon jusqu'à Wittgenstein, en passant par Kant ou Frege [2]) mais aussi les linguistes [3] tentent désespérément de montrer qu'il faut au contraire les dissocier – se donne ce qu'il faut montrer. Car, si la signification, ce sont mes représentations, alors il est évident que l'œuvre musicale a nécessairement une signification extra

1. F. Nietzsche, *Fragments posthumes*, été 1875, 11 [15].

2. Voir par exemple G. Frege, *Écrits logiques et philosophiques*, trad. fr. et introduction C. Imbert, Paris, Seuil, 1971 : « La représentation associée à un signe doit être distinguée de la dénotation et du sens de ce signe. Si un signe dénote un objet perceptible au moyen des sens, ma représentation est un tableau intérieur formé du souvenir des impressions sensibles et des actions externes ou internes auxquelles je me suis livré. Dans ce tableau, les sentiments pénètrent les représentations ; la distinction de ses diverses parties est inégale et inconstante. Chez le même individu, la même représentation n'est pas toujours liée au même sens. Car la représentation est subjective ; celle de l'un n'est pas celle de l'autre. Et il est bien naturel que les représentations associées au même sens diffèrent grandement entre elles. Un peintre, un cavalier et un naturaliste lieront sans doute des représentations bien différentes au nom "Bucéphale". C'est par là qu'une représentation se distingue essentiellement du sens d'un signe. Celui-ci peut être la propriété commune de plusieurs individus : il n'est donc pas partie ou mode de l'âme individuelle ».

3. Voir par exemple O. Ducrot et T. Todorov, *Dictionnaire encyclopédique des sciences du langage*, « Points », Paris, Seuil, 1979, p. 134 : « On doit également distinguer la signification de la représentation, qui est l'apparition d'une image mentale chez l'usager des signes ».

musicale, puisqu'elle ne peut pas ne pas susciter dans mon esprit des représentations quelconques. Nattiez écrit :

> lorsque j'entends le début de l'*Appassionata* de Beethoven, je n'entends pas le pianiste me dire : « Longtemps je me suis couché de bonne heure (…) », ce qui ne signifie pas que, à l'audition d'une œuvre musicale, je n'associe pas un univers expressif de sentiments et d'émotions, voire des choses ou des idées [1].

Certes, mais, lorsque Angie Dickinson se promène dans un musée d'art moderne, au début de *Pulsions (Dressed to kill)*, de Brian de Palma, et qu'on la voit faire sa liste de courses en observant les peintures, comme si celles-ci produisaient en elle une idée très précise de ce qu'elle va faire à manger pour le dîner, doit-on pour autant établir un rapport de causalité entre son appréhension esthétique et sa liste de course ? Autrement dit : cela signifie-t-il que ces sentiments, ces choses ou ces idées sont inscrits dans la musique elle-même ? Ou bien ne sont-ils pas plutôt des représentations psychologiques tout à fait individuelles que je plaque de l'extérieur, moi auditeur, sur l'*Appassionata* ?

Une fois qu'on a évoqué les exemples de musique imitative, qui sont si peu nombreux qu'il faut à chaque fois reprendre les mêmes (les inévitables exemples que sont le *Coucou* de Daquin, les quelques leitmotive wagnériens qui relèvent de la musique figurative, la *Pastorale*, l'orage dans l'opéra baroque, etc.), il est toutefois difficile de trouver des exemples légitimes pour fonder l'idée d'un sens extra musical de la musique. Nattiez peut bien s'appuyer sur ce qu'on appelle la « rhétorique musicale » en écrivant : « Les travaux classiques de Schweitzer (1905) et de Pirro (1907) démontrent

---

1. J.-J. Nattiez, « La signification comme paramètre musical », *op. cit.*, p. 258.

éloquemment comment des motifs musicaux particuliers traduisent le contenu sémantique du texte dans la musique vocale de Bach, mais ils analysent aussi comment fonctionne l'expression musicale dans ses œuvres instrumentales »[1]. Mais il oublie malheureusement de préciser que le sens extra musical accordé à un thème mélodique, rythmique ou harmonique ne peut être identifié qu'à partir des paroles qui accompagnent la musique et qu'il reste, en ce sens, absolument conventionnel (et, partant, extérieur à la musique elle-même). André Pirro, dans son *Esthétique musicale de Jean-Sébastien Bach*, souligne qu'on ne peut inférer le sens des figures de la musique instrumentale de Bach qu'à partir du sens qu'elles possèdent dans la musique vocale du compositeur :

> C'est par l'étude minutieuse des compositions écrites sur un texte littéraire que nous tâcherons d'expliquer Bach, et de nous diriger, s'il se peut, jusqu'à sa pensée, en observant à quel point son inspiration est assujettie aux idées et aux sentiments exprimés par les mots qu'il revêt de musique[2].

Nattiez a beau écrire, à propos du *Sacre du Printemps* de Stravinsky : « Impossible de n'entendre dans cette musique que des relations structurelles, des contrastes, des oppositions entre phénomènes musicaux. Elle renvoie aussi, du point de vue de Stravinsky, au monde de la Russie païenne, (…) »[3]. Certes, mais en quoi ces considérations fonderaient-elles une véritable et authentique compréhension musicale ? En quoi le fait de connaître la vie de Proust et de savoir qu'Albertine s'appelait

1. J.-J. Nattiez, « La signification comme paramètre musical », *op. cit.*, p. 263.
2. A. Pirro, *L'Esthétique de Jean Sebastien Bach*, reprint, Genève, Minkoff, 1973, p. 9.
3. J.-J. Nattiez, « La signification comme paramètre musical », *op. cit.*, p. 269.

Albert dans la vraie vie permettrait-il de mieux comprendre
À la Recherche du temps perdu ? Nattiez écrit encore que

> la musique peut encore mimer ou évoquer la vie des hommes : pensons aux *Quatre saisons* de Vivaldi, à la *Symphonie domestique* de Richard Strauss, à *Du berceau jusqu'à la tombe* de Liszt. La musique suggère aussi des univers idéologiques, philosophiques ou métaphysiques : les lendemains qui chantent (les symphonies de Chostakovitch), le surhomme de Nietzsche (*Ainsi parlait Zarathoustra* de Richard Strauss), l'infini (le prélude de *Lohengrin*) et la transcendance religieuse (les *Visions de l'Amen* ou les *Méditations sur le mystère de la Sainte Trinité* de Messian) [1].

Or ce n'est pas du tout la musique qui à proprement parler
« évoque » (*sic*) les actions et la vie des hommes, ou bien
« suggère » (*sic*) des univers idéologiques : ce n'est pas la
musique, mais c'est simplement le titre. Et le titre aurait pu être
changé sans que cela transforme notre appréhension proprement musicale. Même si *Ainsi parlait Zarathoustra* s'était
intitulé *Vers la paix perpétuelle*, j'entendrais littéralement la
même chose – c'est-à-dire : les mêmes accords, les mêmes
enchaînements qui me procurent un plaisir *musical* et me le
procureraient. C'est d'ailleurs pour la même raison que la
notion de « musique religieuse » n'a aucun sens, puisque seuls
le titre et le texte (quand il s'agit de musique vocale) m'indi-
quent un caractère religieux qui n'a rien à voir ni à faire avec la
structure musicale prise en elle-même – comme le montre
Hanslick, pourtant longuement commenté par Nattiez, dans
Du beau dans la musique [2].

1. *Ibid.*, p. 271.

2. E. Hanslick, *Du beau dans la musique*, trad. fr. C. Bannelier revue et
complétée par G. Pucher, avec une « Introduction à l'esthétique de Hanslick »
de J.-J. Nattiez, Paris, C. Bourgois, 1986, p. 84. Sur le commentaire par Nattiez
du texte de Hanslick, nous nous permettons de renvoyer à la deuxième partie de

Lorsque Nattiez ajoute que «tous ces exemples démontrent (…) les capacités sémantiques de la musique»[1], soulignons que ces exemples, d'une part, ne *démontrent* rien du tout, et que, d'autre part, ils ne sont pas pertinents. Pourquoi donc parler d'un sens *de* la musique, donc attribuer un sens à cette musique elle-même, comme s'il était inscrit dans sa structure, alors qu'il provient manifestement d'un titre ou d'un texte qui est *joint* à la musique, et qui donc n'en fait pas à proprement parler partie, mais ajoute peut-être un surcroît de sens – voilà quelque chose qui est absolument indéniable –, surcroît de sens qui en tout cas est ajouté de l'extérieur à la musique par le texte. Et qu'on ne prétende pas, en une phrase lapidaire, que «la signification propre aux phénomènes musicaux peut être en elle-même distincte de la signification conceptuelle du livret. Il y a de nombreux exemples chez Wagner de l'exploitation dramatique des contradictions entre signification du texte et signification de la musique»[2]. Si cela était vrai, c'est que la musique aurait une signification autonome. Or, on sait que, chez Wagner, lorsque la musique dément ce qui est dit par un des personnages – ce qui en effet arrive –, c'est parce que la musique ou plus exactement le leitmotiv possède une signification qui lui a été conféré *par l'unique intermédiaire* du texte et de la scène, donc par l'élément extra musical auquel il a été précédemment lié.

Ce qui est paradoxal, c'est que l'auteur n'ignore pas totalement le caractère conventionnel de tous ces exemples de sémantique musicale, comme on le voit lorsqu'il évoque le sens extra-musical conféré aux différentes tonalités :

notre livre *L'Esthétique musicale de Nietzsche*, *op. cit.*, (III, «L'esthétique formaliste : *Du beau dans la musique* de Hanslick»).

1. J.-J. Nattiez, «La signification comme paramètre musical», *op. cit.*, p. 271.

2. *Ibid.*, p. 7.

Pourtant, la juxtaposition des caractéristiques affectives associées à chaque tonalité par différents auteurs démontre leur
caractère arbitraire. Il semble que ce soit sous l'effet d'un
conditionnement culturel que certaines associations nous
semblent aujourd'hui évidentes [1].

Mieux, après l'introduction de nouveaux exemples aussi
douteux que les précédents [2], l'auteur finit par écrire :

Autrement dit, il peut bien y avoir dans le caractère de telle ou
telle musique quelque chose qui la prédispose à être utilisée
dans un contexte dramatique, joyeux, solennel, humoristique,
etc., mais une association sémantique plus précise entre cette
musique et un objet ou une situation n'est possible que si un
élément contextuel – scénographique ou linguistique – vient
réduire le nombre de connotations possibles associées à cette
musique, au point, parfois, de réduire cette prolifération de
significations potentielles à une dénotation stable [3].

Autrement dit : si « *La Mer* de Debussy dénote bien le bruit
des vagues », comme l'écrivait l'auteur dans l'Introduction [4],
qui ajoutait qu'« il y a une dimension sémantique dans la

1. J.-J. Nattiez, « La signification comme paramètre musical », *op. cit.*,
p. 273.

2. *Ibid.*, p. 275-276 : comment ne pas associer *Ainsi parlait Zarathoustra* de
Strauss à *2001* de Kubrick et l'adagietto de la *Cinquième Symphonie* de Mahler
à *Mort à Venise* de Visconti ? – se demande Nattiez. Au contraire, il nous semble
que ces œuvres musicales ne sont nullement associées à ces films – l'adagietto
ne suscite nullement les images de la lagune, contrairement à ce que prétend
Nattiez –, car, inversement, ce sont ces films qui sont désormais associés à ces
musiques. Quant à l'affirmation selon laquelle « le caractère transcendental
(*sic*) de la musique de Strauss convenait à l'évocation de l'infinité de l'espace »
(*ibid.*, p. 276), elle présuppose qu'on ait expliqué, d'abord ce que signifie un tel
« caractère transcendental », et ensuite quels sont les éléments proprement
musicaux qui permettent d'en repérer la présence dans cette musique.

3. J.-J. Nattiez, « La signification comme paramètre musical », *op. cit.*,
p. 279.

4. *Ibid.*, p. 24.

musique », seul le titre permet d'attribuer une dénotation à la structure musicale qui possède une signification infinie parce que justement elle n'en possède aucune et se prête à toutes. Autrement dit : la musique, à proprement parler, n'a pas de dimension sémantique, et parler de « la signification comme paramètre *musical* » (c'est nous qui soulignons) n'a dès lors aucun sens.

Nattiez, du coup, reprend explicitement la thèse soutenue par Hanslick, le fondateur de l'esthétique musicale formaliste[1], dans *Du beau dans la musique* :

> Le rôle joué par le contexte textuel dans la sémantique musicale d'une œuvre vocale nous permet de mieux comprendre l'examen que fait Hanslick de l'air célèbre de l'*Orphée* de Gluck. Il reconnaissait à la musique la possibilité d'exprimer le mouvement « qui est ce que la musique a de commun avec le sentiment » et il insistait sur le fait que ce mouvement est « l'adjectif » du sentiment, pas le sentiment lui-même. Ce que la musique de Gluck prend en charge, ici, ce n'est ni le malheur – comme l'ont cru Boyé et d'autres – ni le bonheur, mais le mouvement de l'âme émotionnellement ébranlée, ou, plus précisément, comme l'a proposé Massimo Mila (1950), le doute et l'incertitude exprimés dans la phrase initiale : « *Que faro senza Euridice ?* ». C'est pourquoi le dynamisme de la mélodie peut convenir aussi bien à l'évocation du malheur que

---

1. E. Hanslick (1825-1904), critique musical, s'oppose à l'idée selon laquelle la musique serait un langage signifiant – donc tout autant à l'esthétique du sentiment propre au xviiie siècle, qui soutient que la musique peut exprimer les différents affects de l'homme, qu'à l'esthétique romantique qui, au xixe et avec Schumann, Liszt, Schopenhauer, le jeune Nietzsche et Wagner, fait de la musique l'expression de l'essence du monde. Hanslick écrit dans *Du beau dans la musique* : « "La beauté musicale est *spécifiquement musicale*", c'est-à-dire qu'elle réside dans les combinaisons de sons, sans relation avec une sphère d'idées étrangères, extra-musicales » (*op. cit.*, p. 57). Autrement dit : le contenu de la musique n'est rien d'autre que sa *forme*, c'est-à-dire sa structure mélodique, harmonique et rythmique.

du bonheur, ce qui ne veut pas dire que le sémantisme musical ici soit arbitraire : cet air « vivace » ne conviendrait pas à l'expression de la langueur[1].

Non, le sémantisme musical est complètement arbitraire, et pour une simple raison, c'est que, justement – et comme le souligne Hanslick lui-même –, le flux musical ne signifie en lui-même absolument rien, mais il présente simplement, *pour moi qui l'écoute*, une analogie avec mes sentiments, à savoir le mouvement, l'aspect dynamique[2], de sorte que, selon l'état dans lequel je me trouve, je plaque sur cette musique ce sentiment qui provient de mon propre fond – et j'ajoute que la musique *exprime ce sentiment*, sans me rendre compte de cette illusion nécessaire. La différence entre Hanslick et Nattiez – mais aussi, bien avant Nattiez, avec Wagner –, c'est que là où Hanslick, partant du fait que la musique a le pouvoir de susciter en l'auditeur une multiplicité d'idées et de sentiments, en conclut qu'elle n'a absolument pas de signification, Nattiez conclut du même fait, comme le faisait déjà Wagner, qu'il y a au contraire une signification infinie inscrite dans la musique elle-même.

Ce qui est remarquable, c'est que Nattiez se réclame d'une très ancienne tradition et souligne au contraire le caractère récent de la thèse à laquelle il s'oppose, à savoir la conception formaliste de la musique de Hanslick :

> Faisons un peu d'ontologie sémiologique : qu'en est-il de l'« être » de la musique ? est-ce que notre conception de la musique comme forme symbolique, c'est-à-dire comme phénomène sonore renvoyant au monde vécu, a changé au xxᵉ siècle ? Jusqu'à l'émergence de la musique instrumentale à l'âge baroque, la musique était essentiellement vocale. Le

---

1. J.-J. Nattiez, « La signification comme paramètre musical », *op. cit.*, p. 279.

2. Voir E. Hanslick, *Du beau dans la musique*, *op. cit.*, p. 73.

philosophe français Fontenelle (1657-1757) s'en étonnait : « Sonate, que me veux-tu ? ». C'est seulement en 1854 que (…) Eduard Hanslick, dans son essai *Vom Musikalisch-Schönen*, affirme, contre les romantiques, que la musique n'est pas autre chose que « de la forme en mouvement » et que la musique nous parle en musique d' « idées purement musicales » [1].

Il faut toutefois faire deux remarques.

La première, c'est que la musique est certes considérée depuis l'Antiquité comme possédant une signification extra musicale, mais ce n'est absolument pas au sens où le suggère Nattiez. En effet, jusqu'au Moyen-Âge, la musique fait partie du *quadrivium* – et si elle possède le pouvoir d'exprimer le monde, le cosmos, c'est précisément parce que le monde est écrit dans le langage des mathématiques et que l'intelligibilité de la musique, c'est-à-dire son sens, relève de sa structure mathématique. Dès lors, si la musique peut exprimer l'ordre du monde, c'est à cause d'un isomorphisme entre la musique et le monde. En ce qui concerne ensuite la « rhétorique musicale », on a déjà souligné que la figure musicale ne possède un sens que pour autant que celui-ci relève d'une convention et d'un usage relevant de l'association de cette figure avec un texte. Bref, que la musique, en elle-même et par elle-même, possède une signification extra musicale, voilà – contrairement à ce que dit Nattiez – une idée très récente, et qui est propre au romantisme allemand [2]. C'est en effet avec le roman-

1. J.-J. Nattiez, « Comment raconter le XXe siècle ? », *Musiques. Une encyclopédie pour le XXIe siècle, op. cit.*, t. I, p. 50.
2. Nattiez écrit à propos du moment où la musique, désormais émancipée des mathématiques, devient *Affektlehre* : « Désormais, la musique peut être conçue comme doté d'un pouvoir expressif autonome : elle est capable de véhiculer par elle-même émotions et significations, grâce aux capacités sémantiques qui lui ont été reconnues antérieurement, à l'époque de son union étroite avec le langage verbal », « La signification comme paramètre musical », *op. cit.*, p. 262. Ce texte est incompréhensible. Si la capacité sémantique de la

tisme allemand que la musique est élevée au rang d'un langage, et qui plus est d'un langage qui seul peut adéquatement dire ce qui est sans le transformer et le défigurer – de là le thème romantique de la musique comme forme suprême de pensée, comme lieu de révélation du vrai. C'est la thèse qu'on trouve par exemple exprimée dans le *Beethoven* de Wagner, ouvrage dans lequel on lit que la supériorité du langage musical sur notre langage ordinaire consiste dans le fait que la musique, conformément à la thèse soutenue par Schopenhauer dans *Le Monde comme volonté et comme représentation*, peut « saisir l'essence des choses dans sa plus immédiate manifestation » [1] – définition de la musique totalement « nébuleuse » [2] selon Hanslick.

La deuxième remarque est la suivante : si la théorisation de la conception formaliste est récente, cette conception formaliste existait au fond bien avant Hanslick. Ce qui est remarquable, quand on lit la correspondance des grands musiciens du XVIIIe (par exemple Bach, Mozart ou Beethoven) c'est que, lorsqu'ils parlent d'une œuvre musicale, ils en parlent d'une manière technique, ils évoquent sa structure et posent des problèmes qui relèvent de l'organisation rythmique ou harmo-

---

musique lui vient de son union avec la parole, comme le dit justement la fin, alors le début de la phrase n'a pas de sens : la musique ne possède nul pouvoir sémantique véritable puisqu'elle ne reçoit de sens que par l'intermédiaire du langage verbal.

1. R. Wagner, *Beethoven, Œuvres en prose*, t. X, trad. fr. J.-G. Prod'homme et L. van Vassenhove, Paris, Delagrave, 1922, p. 52. Voir aussi p. 36-37 : « Mais c'est Schopenhauer qui a reconnu et caractérisé avec une clarté philosophique la position de la musique à l'égard des autres beaux-arts, en lui attribuant une nature absolument différente de celle des arts plastiques et poétique. Il part de ce fait admirable que la musique parle un langage immédiatement compréhensible pour chacun et ne nécessitant aucunement l'intermédiaire des concepts, (…) ».

2. E. Hanslick, *Du beau dans la musique, op. cit.*, p. 70.

nique, sans jamais parler de ce à quoi renvoie cette œuvre – son sens extra musical, tout juste évoqué lorsqu'il s'agit d'un opéra, mais à titre justement du sens d'un texte et non pas du sens de la musique. En vérité, ce qui est curieux, c'est que c'est la conception sémantique de la musique défendue par Nattiez, cette idée selon laquelle la musique aurait *en elle-même et par elle-même* un sens extra musical, qui contrairement à ce qu'il dit est très récente, puisqu'elle surgit au XIXe.

Si l'entreprise de Nattiez est *intéressante*, c'est parce que, outre la prédominance de la sémantique musicale aujourd'hui et sa prétention à valoir comme une discipline proprement *scientifique*, la question posée par cet auteur est une question, non *musicologique*, mais *philosophique* qui hante tous les grands textes qui portent sur la musique depuis Platon jusqu'à Nietzsche. Cependant, on peut légitimement poser la question de savoir quels sont les résultats auxquels en arrive Nattiez au bout de plus de trente ans de recherche. Il parvient à des résultats très pauvres – si pauvres qu'on ne peut même pas les énoncer *d'une manière positive*. Dans l'article « La signification comme paramètre musical », qu'il a publié en langue française en 2004, c'est-à-dire 29 ans après ses *Fondements d'une sémiologie de la musique*[1], Nattiez écrit : « Tout passage musical est donc porteur de significations *possibles* »[2]. Mais que signifie une telle proposition? Ou bien un passage musical possède une signification, qui est, non pas *possible*, mais *réelle* et *effective*, ou bien il n'en a pas mais il se prête à ce que chacun peut et veut bien plaquer sur lui sans jamais démentir ce sens qu'on lui impose – ce que précisément Nattiez appelle des

---

1. J.-J. Nattiez, *Fondements d'une sémiologie de la musique*, « 10/18 », Paris, U.G.E., 1975.

2. J.-J. Nattiez, « La signification comme paramètre musical », *op. cit.*, p. 279.

significations *possibles*. Il écrit immédiatement après : « Les expériences de psychologie expérimentale (Francès, 1958; Imberty, 1979 et 1981) montrent bien que les auditeurs ne perçoivent pas n'importe quoi et que *ce ne sont pas seulement les contextes externes qui déclenchent telle ou telle association sémantique* »[1]. Or, non seulement ces travaux prétendument *scientifiques* reposent sur des présupposés qui grèvent la prétention de l'entreprise[2], mais surtout les résultats d'une telle investigation n'enseignent rien de plus que ce que tout le monde savait déjà : à savoir qu'un passage en majeur est *généralement* ressenti comme gai, qu'un passage en mineur est *généralement* ressenti comme triste, etc.

Enfin, examinons l'unique apport véritable proposé par Nattiez dans « La signification comme paramètre musical » :

> La théorie de base la plus convaincante a été fournie, pour la musique tonale, par Leonard B. Meyer dans son ouvrage au titre significatif : *Emotion and Meaning in Music* (1956). Toute musique tonale repose sur une dialectique de la tension et de la détente. Chantez avec moi : *do-mi-fa-sol*. Vous avez conduit votre voix de la tonique à la dominante et vous sentez bien que la phrase est inachevée. Vous pouvez prolonger cette phrase en faisant du sur-place : *sol-la-sol-fa* dièse-*sol*. L'attente se prolonge. Votre mélodie peut se diriger vers le haut : *sol-la-si* (c'est toujours l'inachèvement) ou descendre vers le bas : *sol-fa-ré*. La phrase n'est toujours pas achevée. Tôt ou tard, il vous faudra monter ou redescendre vers la tonique *do : si-la-si-do* vers l'aigu, ou *ré-mi-ré-do* vers le grave. Alors seulement le moment de repos sera atteint. À chacune des étapes de cette mélodie, un sentiment de suspension et d'attente a été créé : la conclusion de la phrase a été différée. Il en résulte psychologiquement une impression de tension qui doit être résolue.

1. *Ibid.* (c'est nous qui soulignons).
2. Voir N. Ruwet, *Langage, musique, poésie, op. cit.*, p. 138-140.

C'est ce mécanisme de base, parce qu'il correspond à des états affectifs fondamentaux – angoisse vs satisfaction –, qui est à la base de la sémantique musicale [1].

Outre la banalité des propos, que Nattiez impute à Leonard B. Meyer, alors qu'on les trouve chez tout le monde, de Schopenhauer dans *Le Monde comme volonté et comme représentation* [2] à Chailley et Challan dans leur *Théorie de la musique* (1947), en passant par Susan K. Langer dans *Philosophy in a New Key* (1957 [3]), la question véritable est de savoir si l'on peut ici parler de sémantique musicale et s'il n'y a pas ici un glissement de sens.

Il faut faire deux remarques.

La première consiste dans le fait que ce que Nattiez appelle ici un sens relevant de la *sémantique* musicale – donc un sens extra musical, pour autant que la sémantique implique, comme on l'a vu, l'idée selon laquelle le son est un signe qui renvoie à autre chose que lui-même (un état d'âme ou un événement du monde) – nous semble au contraire être un sens proprement musical qui relève uniquement de la *syntaxe* musicale. Expliquons-nous. Qu'une phrase musicale qui finisse sur la dominante produise un sentiment d'insatisfaction, parce qu'on attend encore quelque chose qui ne vient pas, et qu'elle implique une autre phrase qui va résoudre la première, pour autant que celle-ci conclut sur la tonique et donne de ce fait une

1. J.-J. Nattiez, « La signification comme paramètre musical », *op. cit.*, p. 278-279 (c'est nous qui soulignons).

2. Voir l'unique exemple musical donné dans *Le Monde comme volonté et comme représentation*, trad. fr. A. Burdeau revue par R. Roos, Paris, PUF, 1992, p. 1197 (« De la métaphysique de la musique »).

3. S.K. Langer, *Philosophy in a New Key. A Study in the Symbolism of Reason, Rite and Art*, 3 [e] ed., Cambridge-London, Harvard University Press, 1957, p. 229, renvoie à Kurt Huber, *Der Ausdruck musikalischer Elementarmotive. Eine experimentale-psychologische Untersuchung* (1923), le premier selon elle à systématiser cette question en musicologie.

impression d'achèvement définitif, voilà une évidence relevée par toute les théories de la musique, qui caractérise la structure du système tonal – et l'on sait que c'est Schumann qui, le premier, a osé conclure une pièce sur la dominante. Ainsi, on lit dans la *Théorie complète de la musique* de Chailley et Challan :

> La tonique est le degré stable par excellence. Elle donne une impression de repos, d'arrivée définitive. C'est le degré du point final. La dominante au contraire donne une impression de suspension provisoire qui prépare et appelle l'arrivée sur la tonique. On peut comparer la phrase musicale à un arc qui se tend sur la dominante et se détend sur la tonique, ou encore à des mouvements sur un terrain de sports dont la tonique serait le sol ferme et la dominante le tremplin de saut [1].

Dès lors, le *sentiment* ou l'*impression* produite par la tonique et par la dominante – ce que Nattiez identifie à un sens *extra musical*, puisque c'est « ce mécanisme de base (…) qui est à la base de la sémantique musicale » – trouve son explication ultime dans le rapport qu'entretiennent les différents sons dans la gamme diatonique, c'est-à-dire dans une certaine hiérarchie des sons qui est propre au système harmonique tonal. Si l'on fonde l'organisation d'une pièce musicale sur autre chose que sur *cette syntaxe*, si donc on fonde l'organisation d'une pièce sur une *autre syntaxe*, par exemple sur la gamme chromatique dans laquelle il n'y a plus aucune hiérarchie entre les douze sons, parce que tous seront investis de la même importance sans qu'il y ait un privilège accordé à certains d'entre eux, alors les notes qui avaient, dans l'ancienne syntaxe, le rôle de tonique et de dominante, ne produiront plus le même effet sur l'auditeur. Dès lors, le *sens*

---

1. J. Chailley et H. Challan, *Théorie de la musique*, *op. cit.*, p. 70.

d'une note n'est nullement un sens *extra musical*, puisqu'il dépend au contraire de la place qu'elle occupe et du rôle qui lui est conféré dans un système proprement musical, c'est-à-dire un certain idéal, à l'œuvre dans une pièce, qui accorde un statut particulier à toutes les différentes hauteurs – système qui donc détermine ces différentes hauteurs, excluant par exemple certains demi-tons ou bien les intervalles plus petits que les demi-tons, et qui permet de les identifier, c'est-à-dire de reconnaître, au moins implicitement (car il n'est pas nécessaire de pouvoir le formuler c'est-à-dire le théoriser), leur rôle dans une phrase ou une mélodie. Et voilà même une idée que Nattiez reconnaît lorsqu'il écrit, à propos d'un passage du *Sacre du Printemps* de Stravinsky :

> Ce sont les règles de la syntaxe tonale occidentale qui nous font *comprendre* (même si nous ne connaissons pas le vocabulaire technique de la musique) que le *la* marque un moment de repos, que le *ré* doit redescendre, que le *do* trouvera, tôt ou tard, sa résolution [1].

Revenons à ce propos sur la notion de « forme symbolique » dans la philosophie cassirerienne. Nous avons vu que le statut de la musique reste très vague chez Cassirer : selon lui, si certes la musique exprime et possède un sens extra musical, puisqu'elle est une forme symbolique, ce sens, d'une part, n'est pas psychologique et, d'autre part, il est si vague et indéterminé que la musique, exprimant *tout*, finit par ne *rien* exprimer du tout. Qu'on ne puisse, une fois qu'on se situe dans la perspective de Cassirer, rien dire de plus que ce qu'énonce cette proposition sans tomber dans des problèmes insolubles, c'est ce dont témoignent les écrits sur la musique de Susanne

---

1. J.-J. Nattiez, « La signification comme paramètre musical », *op. cit.*, p. 269. Mais comment une telle affirmation est-elle conciliable avec sa thèse d'une sémantique musicale ?

K. Langer. Celle-ci prétend se situer dans la perspective de la philosophie des formes symboliques, soulignant que le sens extra musical de la musique n'est nullement psychologique et plus largement psychique :

> si la musique a une signification, celle-ci est sémantique et non symptomatique. Son « sens » n'est évidemment pas celui d'un stimulus qui provoquerait des émotions, ni celui d'un signal qui les annoncerait ; si elle a un contenu émotionnel, elle l'« a » au même sens où le langage « a » son contenu conceptuel – *symbo-liquement*. Ce sens d'ordinaire n'est pas dérivé des affects et il ne vise pas non plus ceux-ci ; mais nous pouvons dire, avec certaines réserves, qu'il *porte sur eux*. La musique est, non pas la cause ou le remède des sentiments, mais leur *expression logique*[1].

Tout le problème est bien évidemment de thématiser cet ambigu statut de la musique à titre d'expression logique du sentiment… Car, s'il est vrai que « c'est un fait bien établi que les structures musicales ressemblent du point de vue logique à certains motifs (*patterns*) dynamiques de l'expérience humaine »[2], on soulignera toutefois que Langer ne recourt, pour établir ce qui relève d'une question *logique*, qu'à des généralités *empiriques* qui relèvent du domaine de la psycho-logie, renvoyant aux exemples qu'on connaît : l'analogie hanslickienne entre le mouvement des sentiments et celui de la musique[3], les « couleurs » affectives auxquelles sont associées les tonalités[4] et les sentiments liés à la structure même de la musique tonale (le rapport dominante-tonique = le rapport tension-détente)[5]. Refusant toutefois d'accorder à la musique

---

1. Susanne K. Langer, *Philosophy in New Key*, *op. cit.*, p. 218.

2. *Ibid.*, p. 226.

3. Susanne K. Langer, *Philosophy in New Key*, *op. cit.*

4. *Ibid.*, p. 229.

5. *Ibid.*, p. 229-230.

l'expression d'un sentiment déterminé – et critiquant par exemple la volonté de Pirro d'établir un dictionnaire des figures expressives dans la musique de Bach[1] –, Langer souligne que ce qui caractérise la musique est « l'expressivité, non l'expression »[2]. Outre que la conclusion du long chapitre « Sur la signification de la musique » ne débouche pas sur une détermination plus précise que les simples remarques de Cassirer, il faut souligner que Langer, non seulement ne donne aucun argument véritable pour fonder sa thèse, mais, de plus, inverse curieusement les termes du problème, puisque son argument essentiel consiste en une critique *psychologique* de ceux qui critiquent l'évidence selon laquelle la musique serait un art symbolique. Elle écrit en effet :

> Ceux qui nient que la musique soit un langage de sentiments ne rejettent pas simplement la théorie du symbole comme étant non convaincante et indémontrable. Ils ne se contentent pas de dire qu'ils ne peuvent pas trouver la pensée en question dans la musique et, par conséquent, de considérer cette hypothèse comme tirée par les cheveux. Non, ils rejettent avec horreur cette tentative d'interpréter la musique comme sémantique, ils considèrent le fait d'imputer un sens – émotionnel ou autre – comme une insulte à la muse, une dégradation des formes purement dynamiques, une hérésie odieuse. Ils semblent penser que, s'il était réellement avéré que les structures musicales ont une signification, se rapportaient à quelque chose d'autre qu'elles, ces structures cesseraient immédiatement d'être musicales[3].

---

1. *Ibid.*, p. 232.

2. *Ibid.*, p. 140. « Car la musique a toutes les caractéristiques d'un véritable symbolisme, sauf une : l'existence d'une connotation précise ».

3. Susanne K. Langer, *Philosophy in New Key*, *op. cit.*, p. 236-237. Langer ajoute : « (…) De plus, les critiques les plus véhéments de la théorie qui attribuent un contenu émotionnel à la musique semblent avoir été contaminés

La deuxième remarque est la suivante. Comment peut-on – sans se donner ce qu'il faut montrer – identifier le *sens de* la musique avec l'*émotion* ou le *sentiment* qu'elle *suscite* en l'auditeur. Puisque, dans le solo de basson du *Sacre du Printemps* de Stravinsy, «ce sont les règles de la syntaxe tonale occidentale qui nous font *comprendre* (...) que le *la* marque un moment de repos, que le ré doit redescendre (...)», le *sens*, qui est donc un sens *proprement musical*, ne consiste-t-il pas dans un système harmonique que l'analyste a à charge de décrire? Et ne faut-il pas alors distinguer deux types de *compréhension*? À savoir la compréhension immédiate et intuitive de l'auditeur – dont il n'est dès lors pas évident qu'on puisse l'appeler une compréhension, puisque l'auditeur subit l'effet ou le charme de la musique sans pouvoir comprendre c'est-à-dire formuler les raisons pour lesquelles le flux musicale produit en lui, à tel moment, telle ou telle impression –, et la compréhension discursive de l'analyste – ou compréhension au sens véritable du mot –, puisque celui-ci peut expliquer pourquoi tel phrase produit (au moins de droit) tel effet.

On comprend dès lors ce que veut dire l'expression de *sens musical* – c'est-à-dire ce dont il est question lorsqu'on parle du *sens* de la musique. Le sens en musique, c'est toujours la

---

par la théorie qu'ils attaquent : en déniant toute possibilité d'un contenu à la musique, ils sont tombés dans la manière de penser la musique en termes de forme et de contenu. Ils sont soudain face à l'alternative : *sensée ou dénuée de sens*. Et alors qu'ils rejettent violemment la proposition selon laquelle la musique est une sémantique, ils ne peuvent affirmer qu'elle n'a aucun sens. C'est le problème, non la doctrine, qui les a contaminés ». D'une part, il est vrai que cette sémantique de la musique fait de la structure ou forme musicale un *moyen* subordonné à autre chose (son sens extra musical), ce qui est sans doute le propre d'une attitude non musicale envers la musique (car le musicien, lui, se soucie au contraire uniquement de cette structure); d'autre part, comme on va le voir, la musique, si elle ne possède pas de sens extra musical, n'est pas pour autant dénué de sens, contrairement à ce que prétend Langer.

capacité de rapporter un élément au contexte dans lequel il s'insère. Un son, par exemple, n'a de sens que pour autant qu'il s'inscrit dans un accord (même s'il s'agit d'une mélodie), lequel n'a de signification que par rapport à un système syntaxique c'est-à-dire harmonique régissant les rapports de coordination et hiérarchisation des sons. Un accord, à son tour, n'a de sens qu'au sein d'une phrase, qui, derechef, n'a de sens qu'au sein d'une période, etc. Le mot « sens » renvoie donc toujours, ici, à la capacité d'ordonner le divers sensible – pour s'exprimer d'une manière kantienne – ou d'unifier le chaos – pour s'exprimer d'une manière nietzschéenne –, c'est-à-dire de comprendre la diversité en une unité.

Comprendre la diversité en une unité, c'est, lorsqu'on joue, marquer (par la durée, par l'intensité ou par l'expression) le rôle d'un son par rapport à ce qui précède et à ce qui suit. C'est donc *construire la temporalité*, puisque c'est échapper à l'éparpillement d'unités discontinues qui seraient régies par la pure succession (la « rhapsodie des sensations » dont parle Kant dans la *Critique de la raison pure*) pour régler, ordonner le maintenant dans lequel je me situe par rapport à une ligne continue, par rapport à un développement unitaire *téléologiquement* orienté :

> Lorsque nous écoutons une œuvre tonale, par exemple chaque événement ayant trait aux hauteurs (une note, un accord, un motif) vient influencer nos attentes concernant la suite. Notre expérience des événements subséquents découle de ces attentes qui seront comblées, différées ou encore déjouées. Mais chaque événement nouveau, compris et gravé dans la mémoire dans la foulée d'attentes antérieures, vient également structurer le futur. (…) Toutes les relations tonales tendent vers un but : le retour de la tonique victorieuse. Le mouvement tonal

se définit donc toujours par un processus de développement orienté vers un but [1].

Autrement dit : la compréhension de la musique ne peut être qu'une compréhension *musicale*, c'est-à-dire une compréhension de la logique qui régit l'articulation des différents son (à la fois verticalement et horizontalement) :

> Le premier souci de l'interprète est de comprendre le caractère de la musique, le but dans lequel celle-ci a été écrite. Il ne devrait pas partir avec des idées préconçues sur les émotions ou l'humeur à exprimer, mais rechercher le caractère dans les éléments formels de la musique elle-même. C'est la structure de la musique, résultant de ses composantes mélodiques, harmoniques, rythmiques et dynamiques, qui détermine à la fois la forme et le caractère. Le caractère est conféré par la structure, et c'est en comprenant pleinement celle-ci que l'interprète pourra transmettre celui-là (…). Il doit tenir compte des éléments de la structure et, en les conjuguant, décider des priorités selon lesquelles les agencer, en fonction de son sens des proportions et son jugement de l'équilibre [2].

On comprend dès lors où se manifeste la compréhension musicale. Si elle se trouve certes aussi dans le discours qui explicite les relations qu'entretiennent les éléments du discours musical, elle se trouve d'abord et avant tout dans un acte, celui qui consiste à fredonner, à chanter ou à jouer une pièce musicale. « On peut chanter une chanson avec ou sans

1. J. Kramer, « Le temps musical », *Musiques. Une encyclopédie pour le XXIᵉ siècle*, *op. cit.*, t. II, p. 191-193. Voir aussi I. Stoïanova, *Manuel d'analyse musicale*, Minerve, 1996, p. 7, 22.

2. E. Stein, *Form and Performance*, Londres, Faber and Faber, 1962, p. 20, cité par J. Dunsby dans « Analyse et interprétation », *Musiques. Une encyclopédie pour le XXIᵉ siècle*, *op. cit.*, t. I, p. 1042-1043.

expression »[1], écrit Wittgenstein dans ses *Leçons et conversations sur l'esthétique*. C'est dans le chant qu'est la compréhension, pour autant que chanter, c'est articuler, découper le discours en phrases distinctes qu'on ne « dira » pas de la même manière et que, par là on hiérarchisera (de la même manière qu'une phrase qui est répétée ne doit pas être chantée identiquement), et c'est faire apparaître, au sein de ces phrases, une direction, pour autant que l'accent par lequel la valeur de telle note est soulignée, au moment on confère à celle-ci un statut particulier, fait apparaître le sens d'une progression qui, sans cela, resterait une pure succession vaine et indéterminée. On peut dire que le sens musical, qui est au fond l'*esprit* du morceau, est *indiqué*, dans la partition, non par ce qui est *écrit* (hauteurs et durées), mais par ce qui est *noté* (indications expressives, dynamiques, indications de phrasé, etc.).

Nietzsche, dans le paragraphe 215 de *Humain trop humain*, distingue, en ce qui concerne la musique, la véritable compréhension (ou compréhension authentiquement esthétique) de la compréhension symbolique. Dans le second cas, la musique n'est qu'un *moyen*, puisqu'elle est *simplement* le *véhicule* d'un sens extra musical qui est proprement ce qui m'affecte *dans* la musique – de sorte que la musique, en elle-même et par elle-même, n'a au fond aucune importance et qu'il ne s'agit pas, dans ce type d'attitude, d'une attitude proprement esthétique (ce qui au fond m'intéresse, ce n'est pas la musique, mais ce qu'elle suggère ou ce qu'elle évoque en moi : ce qui m'intéresse, c'est moi). Dans le premier cas en revanche, ce qui m'intéresse, ce n'est pas moi, mais c'est la musique qui se trouve dès lors promue, non pas moyen, mais au

---

1. L. Wittgenstein, *Leçons et conversations sur l'esthétique, la psychologie et la croyance religieuse*, trad. fr. J. Fauve, « Folio-Essais », Paris, Gallimard, 1992, p. 67.

contraire *fin en soi* : ce qui m'intéresse, c'est cette œuvre musicale dans sa configuration absolument individuelle. Si, au contraire, ce sont les représentations extra musicales qui importent, alors on peut tout à fait échanger une œuvre musicale qui produit tel effet particulier avec une autre œuvre qui produit le même effet, comme l'écrit Wittgenstein dans ses *Leçons et conversations sur l'esthétique* :

> Si je trouve un menuet admirable, je ne peux pas dire : « Prenez-en un autre. Il fait le même effet. » Qu'entendez-vous par là ? Ce *n'est* pas le même [1].

Dès lors, s'il est vrai que « la musique est un langage qui utilise les sons pour eux-mêmes et non pas, comme le langage parlé, pour représenter des idées ou des objets convenus » [2], « comprendre » une œuvre musicale, en saisir le « sens », c'est, comme l'écrit très bien Boris de Schloezer, non pas « saisir à travers le système de sons quelque chose qui serait autre chose que les sons » [3], mais « la [*i.e.* la série sonore] saisir en son unité, (…) en effectuer la synthèse » [4] : lorsque « je ne parviens pas à comprendre »,

> qu'est-ce à dire sinon que chacun des sons de la série reste isolé pour moi, qu'ils se suivent sans s'agréger ? L'un chasse l'autre et je ne les perçois que comme se succédant mécaniquement dans le temps. Ils ne m'offrent alors aucun sens (…). Je ne comprends la série sonore, autrement dit je n'en découvre le sens, qu'à partir du moment où je parviens à la saisir en son unité, à en effectuer la synthèse ; et l'acte intellectuel de synthèse opéré, je me trouve en face d'un système complexe de

1. L. Wittgenstein, *Leçons et conversations sur l'esthétique, la psychologie et la croyance religieuse*, *op. cit.*, p. 75.

2. J. Chailley et H. Challan, *Théorie de la musique*, *op. cit.*, t. I, p. 5.

3. B. de Schloezer, *Introduction à J.S. Bach*, *op. cit.*, p. 33.

4. *Ibid.*, p. 34.

rapports qui s'interpénètrent mutuellement, système où chaque son et groupe de sons se situent au sein d'un tout, y assument une fonction précise et acquièrent des qualités spécifiques du fait de leurs multiples relations avec tous les autres [1].

Il est curieux que Chailley, dans son *Traité historique d'analyse harmonique*, écrive quelque chose qui contredit absolument la proposition de la *Théorie de la musique* qui vient d'être citée. C'est manifestement contre Boulez et l'école de Darmstadt que Chailley introduit un chapitre intitulé «L'intention figuraliste». Ce chapitre commence par critiquer la théorie qui refuse «l'idée que la musique puisse être motivée par une intention de caractère évocateur, descriptif ou allusif à quelque idée extra-musicale que ce soit»[2]. Chailley écrit à la fin du chapitre : «Certains de ces rapprochements sont de simples conventions, possédant en général une justification historique précise; d'autres sont liés à la nature même de la musique (n'en déplaise à Stravinsky) par l'aspect tensionnel qu'apporte l'attraction lorsqu'elle s'oppose à la consonance de détente»[3]. Si ce texte nous apparaît essentiellement avoir un but polémique, c'est précisément parce qu'il s'oppose non seulement à la proposition citée auparavant, mais aussi en général à l'*esprit critique* qui règne dans la *Théorie de la musique* et la règle, puisque Chailley, lorsqu'il évoque les impressions subjectives produites par les accords (la «plénitude reposante» de l'accord parfait majeur «qui s'oppose à l'aspect plus sombre de l'accord mineur»), souligne «le côté pittoresque de cette description entièrement relative», et insiste sur le fait qu'«il ne faudra pas en conclure (…)

1. B. de Schloezer, *Introduction à J.S. Bach*, *op. cit.*, p. 34.

2. J. Chailley, *Traité historique d'analyse harmonique*, Paris, Leduc, 1977, p. 117.

3. *Ibid.*, p. 122.

que le majeur est toujours gai et le mineur toujours triste, comme on le dit parfois avec quelque exagération » [1]. C'est d'ailleurs Chailley qui écrit ironiquement dans *Propos sans orthodoxie* :

> quand un clarinettiste fait « couic-couic », on entend « couic-couic », et rien de plus, même si le compositeur déclare avoir exprimé dans ce « couic-couic » les aspirations libératrices de l'homme agressé (…) par la société bourgeoise [2].

Concluons sur cette question. Il est clair que, de même qu'on ne peut pas parler autrement de la musique qu'avec un vocabulaire emprunté à l'objectivité spatiale qui risque de la défigurer si on le fait sans en prendre conscience, on ne peut pas parler de la musique sans parler des états d'âme qu'elle produit en nous. Toute théorie de la musique évoquera, pour faire comprendre le rôle de la relation dominante-tonique dans une œuvre de musique classique, le rapport tension-détente ou bien insatisfaction-satisfaction, ou bien interrogation-réponse auquel elle correspond – nous l'avons vu : la tonique « donne une impression de repos », alors que la dominante « donne une impression de suspension provisoire » [3]. Il n'empêche qu'il ne faut voir dans ces images utilisées par les théories de la musique, tout comme dans celles qui assimilent le majeur à ce qui est gai et le mineur à ce qui est triste, ou bien la quinte à une « sonorité pleine, grasse même, dans le grave », qui donne une

---

1. J. Chailley et H. Challan, *Théorie de la musique, op. cit.*, t. I, p. 54. Voir également L. Wittgenstein, qui écrit dans *Remarques mêlées*, trad. fr. G. Granel, Mauvezin, T.E.R., 1984, p. 100 : « Un seul et même thème possède un caractère différent selon qu'il est en mineur ou en majeur, mais parler d'une caractère du mode mineur en général est tout à fait faux. (Souvent chez Schubert, le majeur sonne plus tristement que le mineur) » (trad. modifiée).

2. J. Chailley, *Propos sans orthodoxie*, Paris, Aug. Zurfluh, 1990, p. 190.

3. J. Chailley et H. Challan, *Théorie de la musique, op. cit.*, t. I, p. 70.

« impression de stabilité », alors que la quarte « donne une impression harmonieuse, mais instable et incomplète »[1], que des métaphores qui *ont une simple vertu pédagogique*. Chailley et Challan le soulignent d'ailleurs lorsqu'ils évoquent l'assimilation du rapport majeur-mineur au rapport gai-triste : « cette remarque pourra servir, *au début*, pour aider à les reconnaître l'un de l'autre »[2].

Etant donné que ces métaphores, d'une part, ne peuvent pas ne pas être utilisées par celui qui cherche à décrire l'objet musical, et, d'autre part, ne permettent pas de déterminer l'objet dont on parle, ayant uniquement une vertu pédagogique susceptible de guider le sujet cognitif qui cherche à s'élever jusqu'à la connaissance de la musique, elles équivalent à ce que Kant, par opposition au *jugement déterminant*, appelle le *jugement réfléchissant* – c'est-à-dire encore à ce qu'il thématise sous le nom d'*idéal régulateur* ou *Idée régulatrice*. On se souvient que Kant, montre, dans la *Critique de la faculté de juger*, comment la finalité intervient dans le travail scientifique : la finalité n'est pas une propriété de l'être vivant, mais le chercheur qui étudie l'être vivant et en isole les constituants entre lesquels il met en évidence un rapport de causalité mécanique ne peut pas s'empêcher de penser, quand il examine son objet, que l'être vivant est un organisme c'est-à-dire un tout finalisé irréductible à la somme de ses parties. De même que la finalité ne relève pas de la connaissance, parce qu'elle est simplement une Idée qui permet au chercheur de *s'orienter* lorsqu'il examine son objet c'est-à-dire le détermine (de sorte que la finalité, si elle ne relève pas de la connaissance, est toutefois ce qui la rend possible), le sens extra musical que

---

1. J. Chailley et H. Challan, *Théorie de la musique*, *op. cit.*, t. I, p. 39.
2. *Ibid.*, p. 54 (c'est nous qui soulignons).

nous accordons à la musique est quelque chose qui reste absolument extérieur à la musique, qui ne détermine nullement la
musique, mais qui rend possible la détermination de la
musique – tout débutant commence par s'orienter dans la
musique grâce aux repères que sont les déterminations extra-
musicales de la musique (majeur = gai, mineur = triste), et il
finit par pouvoir déterminer son objet sans avoir désormais
besoin de ces béquilles, c'est-à-dire qu'il finit par pouvoir
identifier les modes majeur et mineur, la quinte et la quarte,
etc., en eux-mêmes et par eux-mêmes. Ces comparaisons, à
titre d'Idées régulatrices, ne disparaissent pas pour autant
puisque, d'une part, elles peuvent lui servir lorsque, à son tour,
il initiera d'autres hommes à la connaissance musicale, et que,
d'autre part, elles ne peuvent pas ne pas réapparaître à titre
d'Idées qui sont nécessairement engendrées, dans le sujet
cognitif, par l'audition de la musique. Autrement dit, alors
que, pour un débutant, ces béquilles sont les seuls moyens de
connaissance c'est-à-dire d'identification de l'objet, elles vont
être par la suite reconnues pour ce qu'elles sont, à savoir : non
pas des moyens de déterminations de l'objet, mais des repères
subjectifs qui permettent au sujet de s'orienter, sans avoir de
validité objective.

Aussi n'est-il pas légitime d'affirmer, sous prétexte que le
musicologue Nicolas Ruwet, qui se rattache explicitement à
l'esthétique musicale formaliste, « laisse parfois échapper des
mots comme "inquiétude, contraste, statisme, dynamisme" »[1],
qu'il souscrit à l'idée d'une sémantique musicale que pourtant
il prétend refuser – d'autant plus que ces termes, encore une
fois, n'ont de sens que par rapport à l'organisation *syntaxique*
de la musique. Il n'est pas plus légitime de distinguer une

1. M. Baroni, « Herméneutique musicale », *Musiques. Une encyclopédie pour le XXᵉ siècle, op. cit.*, vol. 2, p. 677.

« endosémantique » d'une « exosémantique »[1], étant donné
que seule celle-ci est à proprement parler une sémantique,
alors que celle-là renvoie à « un système pur et simple de
relations entre les éléments de la structure musicale »[2].

1. M. Baroni, « Herméneutique musicale », *Musiques. Une encyclopédie
pour le xxe siècle, op. cit.*, vol. 2, p. 677. Voir J.-J. Nattiez, *Musicologie et
sémiologie*, Paris, C. Bourgois, 1987, p. 147-155.

2. M. Baroni, « Herméneutique musicale », *op. cit.*, p. 677. On remarquera
que Baroni écrit dans un moment de lucidité (*ibid.*, p. 679) : « À ce stade,
quelques observations s'imposent : la première est que les références extra-
musicales non seulement ont souvent un caractère fugace, appartenant plus à la
sphère inconsciente qu'à une conscience explicite, mais elles tendent aussi à
échapper à une conceptualisation précise, à une définition verbale. Avec quelle
légitimité peut-on dans ce cas parler de "sémantique" ? Cette question, parfai-
tement légitime, peut d'ailleurs être formulée comme une affirmation : si, par
sémantique, on entend la référence à des concepts et si la fonction des concepts
est de catégoriser les événements du monde et de les distinguer les uns des
autres, il faut reconnaître que ce que l'on nomme "sémantique musicale" ne
possède ni l'une ni l'autre de ces fonctions, et donc qu'elle n'est pas une sémantique. La musique se contente de susciter des réactions émotionnelles et, dans
certains cas, d'évoquer, autrement dit de rappeler à la mémoire les objets du
monde, en les corrélant à ces réactions (lesquelles se colorent de connotations
émotionnelles plus précises) ». Cela posé, le moment de lucidité de Baroni est
de courte durée, puisqu'il écrit aussitôt après : « Il faut encore préciser que les
structures musicales peuvent non seulement ramener à la mémoire des événements extra-musicaux, mais qu'elles le font dans des formes *non arbitraires*. En
d'autres termes, l'évocation n'est pas *un phénomène subjectif* ; elle est régie par
des *conventions culturellement codifiées*, (…). Le fait que la dissonance implique tension ou désagrément (…) n'est pas le produit de la *subjectivité* mais de
conventions éminemment *intersubjectives* créées par les musiciens et les auditeurs européens » (p. 679 ; c'est nous qui soulignons). Indépendamment du problème déjà évoqué de savoir si des caractéristiques d'ordre *structural* peuvent
être attribuées à une *sémantique*, on rappellera à l'auteur que si le sens extra
musical est conventionnel, c'est qu'il relève de la subjectivité, *même s'il s'agit
d'une intersubjectivité (exactement à la manière de l'idéal régulateur kantien)* :
car ce qui, ici, importe, c'est que ce sens extra-musical n'est pas inscrit dans
l'objet lui-même, de sorte qu'il est bien projeté par la subjectivité sur l'objet (et
même si cette projection est *nécessaire* et *universelle*).

Qu'on consulte par exemple les notices écrites par Olivier Messiaen pour l'exécution par Yvonne Loriod des concertos pour piano de Mozart. On lit à propos de l'Andante du concerto en mi bémol majeur (KV 482) :

> « La mort… Je me suis tellement familiarisé avec cette véritable et parfaite amie de l'homme, que son image n'a plus rien d'effrayant pour moi ; elle m'est très apaisante, consolante ! » (lettre de Mozart à son père). Texte souvent cité, daté du 4 avril 1787, et postérieur de seize mois environ à l'andante du concerto KV 482 : il exprime cependant le même sentiment. Pièce terrible, feu central que cet andante ! En un dramatique raccourci, on y voit évoluer toutes les contradictions que peut susciter l'idée de la mort : désespoir, révolte, accablement, consolations célestes et certitude de la résurrection. La forme – mélange très original du « thème et variations » et du « rondo à couplets » est à la hauteur de la pensée. Elle peut se diviser ainsi : thème en ut mineur ; première variation ornementale ; premier couplet en mi bémol ; deuxième variation contrapunctique ; deuxième couplet en ut majeur ; troisième variation amplificatrice ; coda en ut mineur. Le thème (un des plus beaux que Mozart ait écrit !) se partage en trois périodes différentes. La première période va de ut mineur à mi bémol ; la deuxième est caractérisée par des quintes descendantes des premiers violons ; la troisième juxtapose de douloureux accents expressifs, et répète un dramatique accord de septième et quinte diminuée, puis se brise dans le silence avant la cadence finale [1]. [Le texte continue dans cet esprit].

La question, pour nous, est de savoir ce qui, dans ce discours, est légitime et pertinent. Ou, plus exactement, puisque, après tout, la comparaison avec la mort et l'idée selon laquelle l'andante *exprime la mort* sont, après tout, tout à fait

---

1. O. Messiaen, *Les 22 concertos pour piano de Mozart*, Paris, Librairie Séguier (Archimbaud/Birr), 1987, p. 91-92.

pertinentes et légitimes, quelle sont *leur rôle et leur statut dans l'économie du discours de Messiaen*.

On soulignera qu'il y a, dans les notices de O. Messiaen, très peu de figures de ce type, et qu'elles sont, *comme c'est le cas ici*, subordonnées à un discours d'ordre technique qui a manifestement la priorité. Le discours de Messiaen est d'abord d'ordre technique – et, l'on pourrait dire, véritablement *musico-logique* –, au sens où « le musicien et le musicologue doivent être capables de s'exprimer à l'aide de termes techniques propres à leur art » [1]. La description d'une œuvre ne peut passer que par le réseau conceptuel développé dans les théories de la musique. Du coup, le discours qui relève de la *dimension proprement sémantique* de l'œuvre et donc de ce qu'elle *exprime* (son sens extra-musical) non seulement apparaît brièvement, mais ne surgit de plus qu'à titre de comparaison qui reste extérieure à la musique et qui se donne explicitement comme une image subjective, qui provient d'abord du commentateur, et qui lui apparaît comme un moyen auxiliaire pour introduire l'auditeur à cette musique [2]. Que vaudrait d'ailleurs le discours de Messiaen s'il supprimait tout discours technique et ne conservait que la dimension sémantique ? Quelle légitimité aurait un discours sur la musique qui ne serait qu'un discours sémantique ?

Que le discours sur le sens extra musical de la musique possède une légitimité, on l'a dit. Cela posé, il ne possède pas de légitimité ni de pertinence dans la sphère du *discours sur la musique*. Le discours sur le sens extra musical d'une œuvre

---

1. S. Gut et D. Pistone, *Le Commentaire musicologique du grégorien à 1700*, Paris, H. Champion, 1984, p. 11.
2. À propos d'un passage de l'adagio du concerto en la M, KV 488, Messiaen écrit : « je pense aux Nuages et à la grotte de *Pelléas* (…) » (*Les 22 concertos pour piano de Mozart, op. cit.*, p. 100) – marquant par là la place de l'énonciateur pour autant que c'est à lui qu'il faut rattacher l'image.

musicale possède une légitimité au sens où le discours sur les représentations que cette œuvre suscite en moi, ou bien le discours sur l'auteur de l'œuvre et sa vie, ou bien encore celui qui met en rapport cette œuvre avec l'histoire, en possèdent une. Cependant, qu'est-ce que le discours sur l'auteur d'une œuvre musicale, ou bien sur les conditions socio-économiques dans lesquelles il a vécu et composé, nous enseigne-t-il sur cette œuvre elle-même ? En témoigne le fait que, lorsqu'il passe au premier plan, c'est-à-dire lorsqu'il n'est plus *subordonné* à la description technique qu'il peut tout juste *éclairer* comme on l'a vu, *il ne possède alors plus de véritable sens.* Lorsque Proust évoque dans *À la recherche du temps perdu* « cette sorte de tendresse, de sérieuse douceur dans la pompe et dans la joie qui caractérisent certaines pages de *Lohengrin* »[1], un tel discours renferme une caractérisation si imprécise qu'on peut légitimement l'attribuer, non seulement à d'autres œuvres de Wagner, mais aussi à des pages d'autres compositeurs que Wagner. Le discours sur le sens extra musical d'une œuvre musicale ne peut jamais rejoindre son objet, c'est-à-dire caractériser véritablement cette œuvre – usant de figures qui, même si on les considère non pas séparément mais à titre de déterminations complémentaires destinées à cerner cette œuvre dans son individualité, ne l'atteignent jamais vraiment et valent toujours pour de nombreuses autres œuvres. En ce sens, on dira que le discours sur le sens extra musical de l'œuvre musicale, dès qu'il n'est plus soumis au discours technique qui, lui peut en revanche caractériser l'œuvre musicale dans son unicité, est un discours sur la musique qui est le propre des non musiciens.

1. M. Proust, *À la recherche du temps perdu*, « Bibliothèque de La Pléiade », Paris, Gallimard, 1954, 3 vol., t. I, p. 178.

Il ne s'agit toutefois pas d'opposer un discours symbolique à un discours technique ni d'imaginer celui-ci comme un discours scientifique qui rendrait l'œuvre elle-même absolument transparente. En premier lieu, dans la musique, il y a toujours plus que de la musique, au sens où un discours qui prétendrait décrire objectivement et impartialement l'ordonnance harmonique d'une œuvre est impossible, pour autant qu'il est vide et vain : la musique possède une expression – même si cette expression est une expression par la musique d'elle-même et nullement celle d'un quelconque sens extra musical (Dieu, l'infini, etc.). Et la question de *l'expression musicale* est liée au problème suivant. C'est que, en second lieu, il ne suffit pas de constater que tel accord succède à tel autre pour avoir atteint le sens musical. Il est certes nécessaire, pour comprendre le sens musical, d'analyser la structure harmonique de la pièce, donc de saisir le rôle de chaque son par rapport aux autres (identification des notes réelles, des notes étrangères). Cela posé, d'une part, un tel travail n'est pas évident, pour autant qu'il semble relever, moins d'une compréhension à proprement parler que d'une interprétation, comme en témoignent, non seulement « l'accord de *Tristan* », sur lequel on trouve une abondante littérature sans accord entre les spécialistes – mi mineur ou la mineur [1] –, mais également l'évolution du discours musicologique sur les œuvres ; et, d'autre part, il n'est pas suffisant. Car il reste encore, dans la pièce, à découper et à hiérarchiser des moments et, à l'intérieur de ces moments, à déterminer derechef de nouvelles unités... Alors que l'analyse musicologique a construit un réseau méthodologique formel pour procéder à de tels découpages, Ruwet souligne que, dans les fugues du *Clavecin bien tempéré*

---

1. Voir S. Gut, « Encore et toujours : « L'accord de *Tristan* », *L'Avant-scène opéra*, n°34-35, juillet-août 1981, p. 148-151.

de Bach, il est aisé « de déterminer d'une manière purement
formelle qu'il est impossible, dans le cas de telle fugue particulière, de parler, par exemple, de contre-sujet, ou de tête du
sujet, etc. » [1]. On comprend mieux le statut de ce sens musical,
qui consiste précisément, tout autant au sein de l'exécution
que du discours, à faire apparaître de telles unités ainsi que le
rapport qu'elles entretiennent les unes avec les autres. Encore
une fois : le sens musical n'est pas ailleurs que dans le texte –
mais la difficulté, raison pour laquelle il reste ouvert et qu'une
multiplicité d'interprétations différentes sont possibles et
légitimes –, c'est qu'il n'est pas pour autant écrit dans ce texte
lui-même.

---

1. N. Ruwet, *Langage, musique, poésie, op. cit.*, p. 106, où l'auteur écrit
également : « On peut aussi se demander si ces notions de période, de phrase,
etc., sont susceptibles de recevoir des définitions générales ou universelles,
ou si au contraire il ne faut les tenir que pour des notions *ad hoc*, valables
seulement pour telle pièce déterminée ».

TEXTES ET COMMENTAIRES

TEXTE 1

E.T.A. Hoffmann
« La musique instrumentale de Beethoven » (1814)*

Dès qu'il est question de la musique à titre d'art autonome, ne devrait-il pas n'être jamais question que de la musique instrumentale, qui dédaigne tout secours, toute intrusion d'un autre art (la poésie), pour autant que l'essence véritable de la musique, qui ne peut être connue qu'en elle, s'y manifeste purement ? – Elle est le plus romantique de tous les arts, elle est à proprement parler, pourrait-on dire, le seul art véritablement romantique, car seul l'infini est son objet. – La lyre d'Orphée a ouvert les portes de l'Orcus. La musique ouvre à l'homme un royaume inconnu, qui n'a rien de commun avec le monde des sens externes qui l'entoure, et dans lequel il abandonne tout sentiment *déterminé* pour s'abandonner à une aspiration (*Sehnsucht*) indicible.

* E.T.A Hoffmann, « Beethoven Instrumental-Musik », *Über Musik. Gedichte, Erzählungen, Betrachtungen*, herausgegeben von E. Klessmann, Stuttgart, Reclam, 1996, p. 190-191 ; trad. fr. A. Béguin, *Les Romantiques allemands*, t. I, édition présentée et annotée par M. Alexandre, « Bibliothèque de La Pléiade », Paris, Gallimard, 1963, p. 899-900. Nous avons retraduit le texte.

Avez-vous seulement pressenti cette essence véritable, vous, pauvres compositeurs, qui vous efforcez laborieusement de présenter des sensations déterminées et même des événements? – Comment a-t-il seulement pu vous venir à l'idée de traiter d'une manière plastique l'art qui précisément est opposé à la plastique? Vos levers de soleil, vos orages, vos *batailles des trois empereurs*[1], etc., n'étaient que de ridicules égarements et ont été justement punis par un oubli total.

Dans le chant, où la poésie indique au moyen des mots des affects déterminés, la force magique de la musique se manifeste à la manière de l'élixir merveilleux des sages, duquel quelques gouttes rendent une boisson plus précieuse et plus exquise. C'est chaque passion – l'amour, la haine, la colère, le désespoir, etc. –, telle que l'opéra nous la présente, que la musique habille de l'éclat pourpre du romantisme, et même ce qui est ressenti dans la vie nous conduit, au-delà de la vie, dans le règne de l'infini.

C'est que la magie de la musique est si puissante et que, devenant nécessairement toujours plus forte, cette magie doit nécessairement déchirer tous les liens que la musique entretenait avec un autre art.

Ce n'est certes pas seulement par la facilité accrue des moyens d'expression de la musique (le perfectionnement des instruments, la plus grande virtuosité des instrumentistes), mais par la connaissance plus profonde de son essence véritable que de géniaux compositeurs ont conduit la musique instrumentale à cette hauteur actuelle.

Mozart et Haydn, les créateurs de la musique instrumentale actuelle, furent les premiers à nous montrer l'art dans toute sa gloire; celui qui l'y contempla avec un plein amour et

1. En français dans le texte.

pénétra dans son essence la plus intime, c'est Beethoven! Les
compositions instrumentales de ces trois maîtres renferment le
même esprit romantique, qui se trouve dans la même
conception intime de l'essence véritable de l'art – mais le
caractère de leurs œuvres diffère d'une manière notable.

(...) La musique instrumentale de Beethoven nous ouvre
elle aussi le règne du monstrueux et de l'incommensurable.
Des rayons éclatants traversent la profonde nuit de ce
royaume; et nous voyons des ombres gigantesques, qui vont et
viennent, nous serrent de plus en plus étroitement et nous
anéantissent enfin, *nous*, mais non point la douleur de l'aspiration infinie dans laquelle retombe et se noie chaque plaisir
suscité par les sons rapides qui jubilent – et c'est seulement
dans cette douleur qui absorbe sans les détruire l'amour,
l'espoir, l'amitié, que notre cœur, dans un accord complet de
toutes les passions, pense éclater, mais nous continuons à vivre
et sommes des visionnaires enthousiasmés.

Le goût romantique est rare, et le talent romantique plus
rare encore, de sorte qu'il y en a bien peu qui puissent faire
retentir les cordes qui ouvrent le merveilleux royaume
romantique.

(...) Il n'y a, parmi les compositeurs, que *celui* qui peut
agir au moyen de l'harmonie sur l'esprit (*Gemüt*) de l'homme,
qui a véritablement atteint les secrets de celle-ci; pour lui,
les proportions numériques, qui restent seulement pour le
grammairien sans génie des exemples de calcul, morts et
rigides, sont des instruments magiques au moyen desquels il
fait apparaître un monde magique.

(...) La musique instrumentale, étant donné qu'elle ne doit
avoir d'efficace qu'à titre de musique et non par exemple en
servant un but dramatique, rejette nécessairement tous les jeux

frivoles, tous les lazzi. L'esprit profond cherche des présen-
tations de la joie qui sont plus grandes et plus belles que celles
qu'on trouve ici, dans notre monde limité, et qui proviennent
d'un pays inconnu, il cherche une vie intérieure pleine de
lumière dont le cœur est embrasé, une expression plus haute
que celle que peuvent donner à cette vie les mots sans valeur,
lesquels ne peuvent convenir qu'au plaisir limité de ce monde.
Déjà ce sérieux de toute la musique instrumentale et pianis-
tique de Beethoven bannit tous les passages casse-cou où les
mains montent et descendent sur le clavier, tous les sauts étran-
ges, les capriccios bouffons, toutes les notes accrochées en
l'air à cinq ou six lignes de la portée dont sont remplies les
compositions à la mode. En ce qui concerne la simple agilité
des doigts, les œuvres pour piano du maître ne renferment pas
de difficulté particulière, car tout interprète exercé doit parve-
nir à exécuter les rares roulades, triolets, etc. qu'on y trouve. Et
pourtant l'interprétation en est véritablement difficile. (…)
Pour ce qui est de la difficulté, l'exécution juste et convenable
d'une des œuvres de Beethoven n'exige rien de moins qu'on la
comprenne, qu'on en pénètre profondément l'essence, qu'on
s'y risque hardiment en ayant conscience de cette initiation,
qu'on entre dans le cercle des phénomènes magiques qui
produit son puissant enchantement.

COMMENTAIRE

Cet extrait des *Kreisleriana*, recueil d'articles de l'écrivain et musicien Ernst Theodor Amadeus Hoffmann, est un manifeste du romantisme allemand, pour autant qu'il exprime des idées qu'on retrouve sous la plume de poètes comme Novalis, Tieck et Wackenroder, de musiciens comme Liszt, Schumann ou Wagner, ou encore de philosophes comme Schopenhauer ou le Nietzsche de *La Naissance de la tragédie*. C'est qu'il confère à la musique un étrange pouvoir, celui de véhiculer *par ses propres moyens c'est-à-dire sans l'aide d'un texte* un contenu de sens extra musical, de sorte que la musique se trouve désormais promue langage, au sens fort de ce terme – et, mieux, langage qui seul peut adéquatement exprimer l'essence du monde, à savoir l'infini.

Davantage que sur la musique (« le seul art véritablement romantique »), le romantisme allemand met l'accent sur la musique instrumentale, c'est-à-dire celle qui peut se passer de la voix et de la poésie, et donc du supplément de sens apporté par le texte (par exemple l'opéra, où la musique est subordonnée à un « but dramatique »). La musique instrumentale est la « musique absolue » – expression qui provient (paradoxalement) de Wagner, dans un texte de 1846 sur la Neuvième symphonie de Beethoven. Par opposition à la rhétorique musicale, qui repose sur la subordination de la musique au

texte afin que celle-ci conquiert un sens extra musical
déterminé, le romantisme équivaut, pour les auteurs qui s'en
réclament, au moment où la musique s'émancipe et révèle son
pouvoir de signification propre (son « essence véritable », dit
Hoffmann). Cette signification, qui n'est autre au fond que
l'ensemble des idées et sentiments que la musique produit en
l'individu, équivaut dès lors à l'infini. La musique, en effet, ne
suscite pas tel sentiment ou telle idée – et même si c'était le
cas, le déroulement du flux musical a pour effet que tel
sentiment, aussitôt éveillé, se dissout dans telle idée, au sein
d'un mouvement non seulement ininterrompu, mais aussi (tel
celui des rêves) défiant toute logique.

Restituer à la musique son pouvoir propre et véritable, la
désassujettir de sa subordination aux arts plastiques, c'est
évidemment la délier de tout ce qui relève de la spatialité.
Apprendre à écouter la musique, c'est donc surtout désapprendre à voir. Le sens de la musique est lié à la perception auditive
dans ce qu'elle a de spécifique – et l'on verra que le propre de
cette perception est d'être immédiate et d'échapper à la représentation. Puisque « la musique ouvre à l'homme un royaume
inconnu, qui n'a rien de commun avec le monde des sens
externes qui l'entoure », c'est que, contrairement à ce qu'on
pourrait croire, la perception auditive, par laquelle passe la
musique, ne fait pas partie des sens externes. Davantage,
Hoffmann – exactement comme Wagner, dans le *Beethoven* –,
la lie au sens interne, pour autant que, comme on le voit dans la
musique, la perception auditive me fait moins découvrir des
caractéristiques du monde phénoménal qui m'entoure que
quelque chose qui relève de mon propre fond.

De là la condamnation typiquement romantique de la
musique imitative, dans la mesure où celle-ci assimile la
musique à l'art plastique (la reproduction des phénomènes
c'est-à-dire, pour ce qui est de la musique, l'imitation non pas

de leur forme plastique mais de leur forme auditive, comme dans les exemples célèbres de l'orage dans l'opéra baroque), et méconnaît sa dignité véritable.

La conception romantique de la musique ne condamne pas seulement la musique imitative, mais également la musique qui, oubliant son « sérieux », c'est-à-dire sa mission, celle d'exprimer l'infini, se pose comme un simple jeu qui ne possède aucun sens extra musical et n'a dès lors comme seule issue que d'être un passe-temps divertissant qui ne présente qu'une vaine virtuosité et s'épuise dans la pure technicité. Autrement dit : la musique, pour les romantiques, est l'art suprême parce qu'elle est une forme de connaissance – connaissance qui est, non pas discursive mais intuitive, c'est-à-dire qu'elle passe, non pas par le concept et la raison, mais par le son et le sentiment.

Curieusement, lorsqu'il évoque Beethoven, Hoffmann, qui nous a pourtant mis en garde contre le rabattement du monde qui relève de la perception auditive sur le monde qui relève de la perception visuelle, emploie, afin d'exprimer la signification renfermée par les œuvres de Beethoven, des métaphores qu'il devrait condamner :

> des rayons éclatants traversent la profonde nuit de ce royaume ; et nous voyons des ombres gigantesques, qui vont et viennent, nous serrent de plus en plus étroitement et nous anéantissent enfin, *nous*, mais non point la douleur de l'aspiration infinie dans laquelle retombe et se noie chaque plaisir suscité par les sons rapides qui jubilent.

Cela posé, il faut souligner qu'on ne saurait parler autrement de la musique. On ne peut décrire ce « royaume inconnu » découvert par la musique instrumentale romantique qu'en utilisant des termes qui proviennent d'un monde plus connu, plus habituel : celui de la vue. Si l'on ne peut certes énoncer le sens de la musique qu'en employant des termes empruntés au champ de la perception visuelle, remarquons toutefois que le discours sur la musique possède sa spécificité, et donc qu'il est totalement différent du discours qui porte sur les arts plastiques et plus largement sur le monde des sens externes. Car ce qui en effet caractérise l'infini qu'on découvre par la musique, ce n'est nullement qu'il s'opposerait au monde fini connu au moyen des sens externes, mais c'est qu'il est au contraire, à titre d'infini, la loi de son organisation, de son développement ou encore de son mouvement. Alors que le monde des sens externes est un monde statique qui nous ouvre à chaque fois sur un horizon fixe et immuable, le sens interne auquel fait appel la musique – dès lors qu'on l'écoute pour elle-même, sans le secours du verbe ou de la scénographie pour l'opéra –, nous découvre la légalité qui préside à la naissance et au développement de chaque forme spatiale figée et à son passage dans une autre. Même idée chez Schopenhauer et le jeune Nietzsche pour lesquels la musique, qui présente la Volonté (ou l'Un originaire, comme on le lit dans *La Naissance de la tragédie*), laquelle est en deçà de la diversité phénoménale propre au monde des sens externes (et donc de la représentation), exprime l'unité dont procède la multiplicité phénoménale. Même idée encore chez Wagner, dans le *Beethoven*, où l'opposition introduite par l'auteur entre le monde de la veille et le monde du rêve correspond à l'opposition entre les arts plastiques et la musique, à l'opposition entre deux types de connaissance, l'intellect et les sens externes d'un côté, le sentiment et le sens interne de l'autre, et enfin à l'opposition entre deux mondes, celui des phénomènes et celui de la chose en soi[1]. Le rêve révèle cet « autre

---

1. R. Wagner, *Beethoven*, *Œuvres en prose*, trad. fr. J.-G. Prod'homme, t. X, Paris, Delagrave, 1907, rééd. « Les introuvables », Paris, Éditions d'aujourd'hui, 1976, p. 39.

monde » à côté du monde phénoménal qui en est l'incarnation. Wagner écrit :

> il existe un autre monde qui n'est perceptible que par l'oreille et qui se manifeste par des sons ; ainsi il y a pour notre conscience un monde des sons à côté d'un monde de la lumière ; nous pouvons dire qu'il se comporte à l'égard de celui-ci comme le rêve en face de l'état de veille [1].

Par le rêve, nous entrons dans un contact immédiat avec la nature où la modalité de notre rapport ordinaire avec elle (espace, temps, formes de la connaissance extérieure) est abolie [2]. Telle est la raison pour laquelle, dans le *Beethoven*, le drame procède de la musique : « le musicien, en composant, tend la main au monde phénoménal » [3], c'est-à-dire incarne sa musique dans des personnages et des situations particulières. Non seulement le monde plastique provient du monde des sons, mais la fonction de celui-ci, dans le drame, est de mettre en évidence le fait que celui-là n'est qu'une illusion. Wagner écrit, dans *Beethoven* – ce sont les lignes conclusives du livre –, que le monde spatial n'est qu'un symbole (*Gleichniss*) engendré par l'esprit de la musique (*Geist der Musik*) – expressions qu'on retrouve telles quelles dans *La Naissance de la tragédie*, dont le titre exact, dans la première édition, était *La Naissance de la tragédie à partir de l'esprit de la musique*.

Mais la musique ne se contente pas de révéler le secret du monde, elle révèle aussi l'essence du moi. C'est que, par la musique, l'individu « abandonne tout sentiment *déterminé* pour s'abandonner à une aspiration indicible ». La musique, en effet, ne produit pas un sentiment déterminé, mais une multitude de sentiments contrastés voire opposés qui passent les uns

---

1. *Ibid.*
2. *Ibid.*, p. 40. Voir aussi p. 49 : « les yeux ouverts, nous cessons de voir ».
3. R. Wagner, *Beethoven*, *op. cit.*, p. 50.

dans les autres. Une telle continuité, par laquelle un sentiment passe dans un autre qui à son tour se métamorphose, caractéristique de la vie du moi, est de l'ordre de l'ineffable : elle peut être sentie, mais elle ne saurait être dite par les moyens de notre langage qui sépare et fige les sentiments. On comprend là encore pourquoi la musique acquiert un privilège sur tous les autres arts au XIXe siècle et devient, certes pour les Allemands – car on ne trouve pas, par exemple en France, un tel courant irrationaliste chez les musiciens et théoriciens de la musique – l'art romantique par excellence. Si la musique devient un langage et même un langage supérieur au langage ordinaire, c'est bien parce qu'elle seule peut dire ce que celui-ci reste, par sa structure, impuissant à exprimer. Autrement dit : seul le flux musical peut, dans sa continuité, exprimer adéquatement le flux qui caractérise l'individu (la musique peut donner à la « vie intérieure (…) une expression plus haute que celle que peuvent donner à cette vie les mots sans valeur »).

Il semble que les sens externes m'ouvrent sur le monde extérieur, alors que le sens interne serait au contraire ce qui me coupe de ce monde, m'isole et me renferme sur moi-même. Mais ce n'est pas vrai : car, d'un côté, les sens externes ne me livrent qu'un monde phénoménal et apparent, dans lequel je suis distinct du monde que je perçois, coupé à jamais de lui, alors que, d'un autre côté, le sens interne n'est qu'un apparent enfermement en moi-même, dans la mesure où il me permet au contraire de rejoindre un flux unitaire et continu qui n'est pas seulement le mien, mais qui traverse le monde dans sa totalité. Hoffmann, Schopenhauer, Wagner et les autres romantiques ne sont nullement kantiens, dans la mesure où le sens interne n'est nullement pour eux soumis à une condition de possibilité (le temps dans l'Esthétique transcendantale) qui me condamnerait là aussi à ne m'ouvrir que sur des phénomènes. Par le sens interne, c'est au contraire la chose en soi qui se révèle, l'être derrière l'apparaître, et donc le monde dans son unité.

On comprend le privilège de la musique instrumentale qui ne s'adresse précisément qu'à ce sens interne et qui, derrière le monde phénoménal dans lequel les objets sont figés et coupés les uns des autres, exhibe au moyen des sons ce qui est au-delà du pouvoir du mot (du concept) ou même de l'image : le moment où le jour, dans lequel les formes apparaissent clairement et distinctement, fait place à la nuit, dans laquelle les choses ne peuvent plus être distinguées et se fondent les unes avec les autres, à titre de symbole d'une connaissance qui rejoindrait enfin l'unité du monde par-delà toutes les différences – non seulement toutes les différences entre les choses, mais aussi cette première différence, celle en vertu de laquelle la connais-sance se distingue de l'objet qu'elle cherche à connaître. La connaissance véritable est pour les romantiques allemands quelque chose d'*immédiat*, c'est-à-dire une coïncidence du sujet connaissant et de l'objet connu – raison pour laquelle il ne saurait dans la musique être question de *représentation*. Tous les auteurs participant à ce courant utilisent systématiquement, pour désigner le pouvoir de la musique, le terme *darstellen* (présenter) ou bien le terme *ausdrücken* (exprimer), mais jamais le terme *vorstellen* (représenter), si ce n'est pour décrier les compositeurs qui ont fait de la musique imitative.

C'est la même vie qui, dans son caractère originaire et unitaire, parcourt la nature dans sa totalité et traverse tous les êtres. Or, étant donné que la pensée – non pas celle discursive et médiate, mais celle intuitive et immédiate, qui précisément se manifeste dans la musique – est la prise de conscience par la vie d'elle-même, cela signifie qu'il n'y a nul privilège de l'homme, parce que la nature dans sa totalité pense, même si nous n'en avons pas conscience : comme l'écrit Novalis, « l'homme n'est pas le seul à parler – l'univers aussi parle –

tout parle – des langues infinies »[1]. Il n'y a pas que les animaux
– le chat qui, chez Hoffmann, écrit ses mémoires (*Le Chat
Murr*) – mais aussi le moindre brin d'herbe qui se retrouve
doué de la pensée. Dans *Les Disciples à Saïs*, la violette dit en
confidence à la fraise l'amour réciproque de Rosefleur et de
Hyacinthe, « qui le redit à son amie la groseille épineuse, (…) :
ce qui fit que bientôt tout le jardin et la forêt surent la chose »[2].

Il faut opposer la clarté du monde des Lumières, monde
intelligible par la seule raison, à l'obscurité qui hante les
textes romantiques – des *Hymnes à la nuit* de Novalis jusqu'à
la nuit du duo d'amour de *Tristan*, dans lequel, d'ailleurs,
l'expression de *Nachtgeweihte* est empruntée à Novalis :

> La lumière s'est vu mesurer son temps ; mais hors du temps,
> hors de l'espace est le règne de la nuit ! – Éternelle est la durée
> du sommeil ! Sommeil sacré ! (…) Seuls les insensés (…) ne
> soupçonnent point que c'est toi qui apporte la clé des demeures
> bienheureuses, des mystères infinis silencieux messager[3].

Vladimir Jankélévitch écrit que si, pour les Lumières,
l'obscurité n'est qu'une conséquence du manque de lumière,
donc seconde et pensée par rapport à elle, pour les romantiques
« le jour est le fils de "la nuit" »[4], la clarté seconde et
l'obscurité première. Cette idée est littéralement énoncée par
Novalis : « la nuit où me voici descendu n'est pas une privation
de lumière, mais la mère très profonde en qui cette lumière est

---

1. Novalis, *L'Encyclopédie*, trad. fr. et présentation de M. de Gandillac,
Paris, Minuit, 1966, p. 144.

2. Novalis, *Les Disciples à Saïs*, trad. fr. G. Roud, Saint-Clément, Fata
Morgana, 2002, p. 44.

3. Novalis, *Hymnes à la nuit*, trad. fr. G. Roud, Saint-Clément, Fata
Morgana, 2002, p. 74.

4. V. Jankélévitch, « Le nocturne », *Le Romantisme allemand*, Les Cahiers
du Sud, 1949, p. 89. Voir aussi p. 88 : « Le romantisme, lui, découvre les vertus
positives et les puissances des ténèbres ».

née, qui la contient tout entière, et en qui, la fin du temps
venue, elle se résorbera »[1]. C'est que, pour les romantiques, la
connaissance logique est seconde par rapport à la vie qui est
elle-même une forme de connaissance : intuition par la vie
d'elle-même qui transcende les différenciations fixes et figées
de l'entendement pour saisir ce souffle mystérieux qui
parcourt la nature et fonde son irréductibilité à tout mécanisme
– « intuition d'un certain ordre vital selon lequel l'informe
progressivement monte à la lumière »[2].

L'opposition entre la clarté et la nuit, qui équivaut donc à la
distinction entre la raison et le sentiment, équivaut également à
la distinction entre le mécanisme et la finalité. Les romantiques
ne cessent de développer la thèse de la médiocrité du discours
scientifique et plus largement rationnel, pour autant que, « à
coup de scalpel »[3], il abîme et défigure une nature irréductible
à un simple mécanisme – Novalis écrit : « cette raison que
la nature cherche à anéantir comme sa pire ennemie »[4] reste
toujours extérieure à la physique, car, pour faire de la physique,
il faut d'abord « un obscur sentiment de la nature »[5]. Le
processus mécanique de la nature provient d'un processus
dynamique finalisé, c'est-à-dire que les figures mécaniques
figées et séparées, décrites par la physique, trouvent leur origine
dans une force vitale d'ordre spirituel qui continue de se
déployer et les fait passer les unes dans les autres[6]. Aussi
Novalis peut-il distinguer deux rapports de l'individu à lui-
même, car « il y a diverses façons d'observer la nature »[7]. En

1. Cité par G. Roud, Préface de Novalis, *Les Disciples à Saïs*, *op. cit.*, p. 15.
2. V. Jankélévitch, « Le nocturne », *op. cit.*, p. 90.
3. Novalis, *Hymnes à la nuit*, *op. cit.*, p. 33.
4. *Ibid.*, p. 39.
5. Novalis, *L'Encyclopédie*, *op. cit.*, p. 139.
6. Novalis, *L'Encyclopédie*, *op. cit.*, p. 146-147.
7. Novalis, *Les Disciples à Saïs*, *op. cit.*, p. 35.

effet, si ma raison m'éloigne de la vérité en me donnant pour
effectif un monde apparent dans lequel les objets se détachent
les uns des autres et dans lequel l'homme serait le seul être
pourvu d'une pensée par laquelle il introduit un ordre dans le
chaos des sensations (l'idéal de la science moderne de devenir
comme maître et possesseur de la nature), l'obscur sentiment
qui persiste en moi, même si la raison a cherché à l'anéantir en
se construisant sur lui et s'en détachant, peut ressurgir pour, en
de brefs moments (le rêve, au sens propre comme au sens
figuré), me faire prendre conscience du « fil étincelant » [1] qui
relie les parties isolées (« la musique intérieure de la nature » [2])
et m'amener à comprendre que ce sentiment n'est rien d'autre
que la réfraction de la nature tout entière qui, par là, prend
conscience d'elle-même [3]. Le monde des phénomènes renvoie
donc à un autre monde qui, tel « un mot mystérieux » qu'on ne
cherche au fond que si on l'a déjà trouvé (« qui le comprend est
de lui-même, à bon droit, un initié » [4], écrit encore Novalis),
constitue la loi d'organisation secrète du premier.

Et si la loi ultime qui régit l'univers peut seulement être
exprimée par la musique, c'est à cause de la nature du son.
Celui-ci se résout en vibrations et apparaît de ce fait pour les
romantiques comme l'étoffe de toute chose. Comme l'écrit le
porte-parole de Hoffmann, Johannès Kreisler, dans une lettre,
« le son se trouve partout », au sens où tout corps résonne c'est-
à-dire parle – et parle « la langue universelle de la musique »,
révélant par là même son secret. Les vibrations émises par les
corps, voilà « la musique secrète de la nature », « le principe de
toute vie ou de toute activité vitale ». En ce sens, « l'esprit de la

1. *Ibid.*
2. *Ibid.*, p. 49.
3. *Ibid.*, p. 50.
4. Novalis, *L'Encyclopédie, op. cit.*, p. 26-27.

musique, identique à l'esprit du son, n'embrasse-t-il pas toute la nature ? »[1]. Hoffmann, lorsqu'il frappait une note sur son piano et écoutait, sans lâcher la touche, « se répercuter des ondes »[2], ne voyait-il pas dans ce phénomène l'expression la plus adéquate de l'unité de la nature à laquelle nous participons ? Cela posé, conformément à ce qui a été dit plus haut, étant donné que, d'une part, ce qui importe n'est pas simplement le son, mais son sens extra musical et que, d'autre part, il ne s'agit nullement de résoudre l'univers dans la rationalité scientifique et donc d'assimiler la musique à des vibrations, puisque les romantiques voient au contraire le secret de l'univers dans la dimension pour ainsi dire spirituelle qui est au fondement de la détermination scientifique (*i.e.* la force vitale derrière la causalité mécanique), l'assimilation du son à l'essence du monde sert à faire valoir, non la science, mais la musique comme lieu de révélation du mystère.

Nous pouvons désormais comprendre la distinction romantique entre le beau et le sublime. Au moyen du concept ou de l'image, ce qui se donne est toujours quelque chose qui est déterminé et qui donc possède une forme. Or, ce qui est susceptible d'être beau ou laid, c'est précisément la forme. Par opposition, non seulement la musique n'est pas un art représentatif, mais, étant donné qu'elle est l'unique art du temps, en un double sens, puisque la musique se déploie dans le temps et que le temps est proprement l'objet de cet art qui échappe à la représentation (*i.e.* la forme fixe et figée), elle seule possède le pouvoir de présenter l'informe ou la déformation : non seulement on y voit la forme émerger de l'informe ou du chaos,

1. E.T.A. Hoffmann, « Lettres de maîtrise de Johannès Kreisler », *Les Romantiques allemands*, *op. cit.*, p. 972.

2. M. Beaufils, « La musique romantique allemande », *Le Romantisme allemand*, *op. cit.*, p. 60.

mais on y voit aussi la forme, à peine esquissée, disparaître
pour laisser place à une autre forme, laquelle à son tour, etc.
C'est la raison pour laquelle les romantiques insistent sur le
fait que, alors que les arts représentatif relèvent du beau, la
musique est l'unique art qui relève du sublime, c'est-à-dire qui
puisse présenter quelque chose de monstrueux, d'effroyable,
et qui pourtant produise un plaisir esthétique.

Le beau est mensonger, parce qu'il est lié aux apparences,
donc au phénomène derrière lequel se cache l'essence ou l'être
véritable. La détermination romantique du sublime ne se
contente pas de reprendre la conception du XVIIIe siècle, selon
laquelle le sublime, par opposition au beau, renferme des
éléments qui contreviennent au beau (le laid ou le déplaisir)
pour les réincorporer dans une unité qui, si elle est certes lié à
un plaisir, n'est toutefois pas analogue au sentiment du beau
puisque, ici, l'harmonie et la symétrie incorporent leur autre
(qu'on voie par exemple le rôle de la dissonance dans l'analyse
que *La Naissance de la tragédie* fait du *Tristan* de Wagner,
opéra qui précisément relève pour Nietzsche du sublime, mais
aussi toute la distinction entre beau et sublime établie par
Wagner dans son *Beethoven*). Le sublime, désormais, est le
seul lieu de révélation du vrai : il est cette forme de connaissance qui relève du sentiment musical – et qui fait dire à
Nietzsche que la véritable philosophie se trouve moins dans
La Naissance de la tragédie que dans *Tristan et Isolde*, moins
chez lui-même que chez Wagner, parce que le discours peut
tout au mieux suggérer ce que seul le musicien peut véritablement dire : le *Tristan* ne marque-t-il pas pour lui l'avènement
de l'« art vrai » (*die wahre Kunst*) ?

En ce sens, le musicien n'est pas proprement un créateur,
au sens où l'on pourrait lui imputer une activité au sens véritable du mot, mais au contraire celui qui entrevoit un monde
obscur, au-delà du visible, et qu'il ne fait que découvrir. La

musique est une réalité transcendante qui s'impose à lui.
« Tout cela, Monsieur, je l'ai écrit en revenant du royaume des
rêves »[1] s'écrit Gluck au narrateur dans *Le Chevalier Gluck* de
Hoffmann, ajoutant que le rêve « est le moment suprême : c'est
le contact avec l'éternel, l'ineffable. Contemplez le soleil :
c'est l'accord parfait, dont les trois accords, comme des
étoiles, fondent sur vous pour vous envelopper de leurs fils de
feu »[2]. Le musicien est condamné à l'isolement, parce qu'il a
révélé aux hommes ce que ceux-ci n'ont pas d'« yeux » pour
voir, de sorte qu'il reste incompris et que la contrepartie des
œuvres qu'il a produites – et qui ne sont rien d'autre que
l'expression symbolique du secret du monde –, c'est qu'il est
condamné à expier en menant une vie misérable.

Ce n'est pas par hasard si les romantiques allemands,
comme Hoffmann ou bien Wagner, accordent une place particulière à Beethoven, promu initiateur de la musique romantique
et celui qui a véritablement découvert le pouvoir de cet art[3].
C'est que Beethoven est celui qui, contre la subordination de la
musique à la belle forme (l'aspect architectural de la musique
de Bach, ou bien même de celle de Mozart, pour autant qu'elle
est soumise à la symétrie, à la régularité, etc.), a mis en avant le
monstrueux, l'informe et le difforme – le Nietzsche de la maturité dirait : l'effet. En témoignent par exemple le commencement du dernier mouvement de la Neuvième symphonie, où

1. E.T.A. Hoffmann, *Le Chevalier Gluck*, *Nouvelles musicales*, trad. fr.
A. Hella et O. Bournac, Paris, Stock, 1984, p. 36.

2. *Ibid.*, p. 26.

3. Hoffmann, en effet, ajoute dans ce texte que, chez Haydn, il n'y a « pas
de souffrance, pas de douleur, mais seulement la douce aspiration nostalgique
vers l'image aimée qui flotte au loin dans l'éclat du soleil couchant », et que,
chez Mozart, il s'agit « d'une crainte sans torture qui est le pressentiment de
l'infini » : en revanche, « la musique de Beethoven joue sur ces ressorts que sont
la peur, l'effroi, la terreur, la douleur, et éveille précisément cette aspiration
infinie qui est l'essence du romantisme ».

l'on dirait que les instrumentistes sont en train de s'accorder et n'ont pas encore commencé à jouer, ou bien certains quatuors à corde, à propos desquels Nietzsche raconte à Peter Gast que Wagner disait : « Beethoven ne s'y souciait plus de la forme » et « aurait pu s'arrêter à tel ou tel endroit »[1]. Tous les romantiques insistent sur ce point : si Beethoven a découvert un nouveau pouvoir de la musique, qui n'est autre que sa véritable essence, à savoir le sublime d'une structure qui peut décontenancer, effrayer (autrement dit : qui s'oppose au beau), c'est parce qu'il a compris que la musique se révèle être une manifestation de l'être lui-même. Une telle thèse n'est pas une projection par Wagner de ses propres idées sur Beethoven, puisque celui-ci disait à Bettina Brentano que

> la musique est une révélation supérieure à tout savoir et à toute philosophie (…) ; elle est l'unique porte immatérielle par laquelle on s'élève au monde supérieur de la connaissance, qui embrasse l'homme et ne peut être embrassée[2].

Beethoven, de plus, est aussi celui qui transforme le statut du musicien, qui le fait passer du statut d'*artisan* et de valet (Mozart, qui mangeait avec les cuisiniers) à celui de *génie*, pour autant qu'il est le premier qui ne compose plus sur commande (mais quand il veut, suivant son *inspiration*) et qui n'est plus soumis à un maître : comme l'écrit Wagner, il « traitait en despote ses nouveaux protecteurs, et l'on ne pouvait rien obtenir de lui que ce qui lui plaisait et quand cela lui convenait »[3].

1. F. Nietzsche, *Lettres à Peter Gast*, trad. fr. L. Servicen, Paris, C. Bourgois, 1981, p. 344.
2. Cité par L. Magnani, *Les Carnets de conversation de Beethoven*, Neuchâtel, Éditions de la Baconnière, 1971, p. 144.
3. R. Wagner, *Beethoven, op. cit.*, p. 72. Wagner écrit à propos de Haydn : « il fut et resta un serviteur princier qui, en sa qualité de musicien, eut pour mission d'amuser son prince fastueux » (p. 60).

Le génie, donc, par opposition à l'artisan, est celui qui a saisi que la musique n'est pas réductible à ce qu'elle semble pourtant être, à savoir un simple agencement mécanique d'événements sonores et donc physiques, réductibles, à ce titre, à de simples rapports numériques. C'est celui pour qui, dans la musique, la structure proprement musicale (« l'harmonie ») n'est pas une fin en soi (ce que seul croit le technicien, qualifié pour cette raison de « grammairien »), mais un simple moyen pour faire apparaître à l'« esprit » de l'auditeur « un monde enchanté ».

Mais que signifie alors, dans cette conception romantique, le fait d'écouter et de comprendre la musique ? De la même façon que Nietzsche développe à l'envie dans *La Naissance de la tragédie* l'idée selon laquelle, en écoutant *Tristan et Isolde*, ce qu'on entend, c'est le battement de la volonté ou de l'un originaire, de sorte qu'on comprend enfin quelle est l'essence du monde (la vacuité de notre vie phénoménale et notre appartenance à une unité qui produit un dessaisissement de soi-même), Hoffmann, dans la suite de notre texte, développe l'idée selon laquelle ce qu'on entend, par exemple dans le menuet de la Première symphonie de Beethoven, c'est, derrière les « modulations uniques » et les « résolutions dans l'accord majeur de dominante, que la basse reprend à titre de tonique du thème qui suit en mineur », le « monde fantastique » ou le « royaume merveilleux sur lequel règne le maître », qui seul permet de comprendre qu'il ne s'agit pas de moments rhapsodiques et sans unité. Aussi ne suffit-il pas de maîtriser la dimension technique et de comprendre le rapport proprement musical qu'entretiennent les sons les uns par rapport aux autres pour interpréter les œuvres de Beethoven : la véritable difficulté pour jouer correctement les œuvres de Beethoven, dit Hoffmann, n'est pas technique, mais elle se trouve dans la difficulté à en saisir l'« esprit ». L'interprète doit donc procéder exactement de la manière dont procède le comédien au théâtre, dans la mesure où le sens du texte est ce qui doit amener celui-ci, une fois qu'il en a saisi l'esprit, à jouer d'une certaine façon le texte. Ici, de même, c'est le sens extra musical de la musique qui doit conduire l'interprète à jouer correctement l'œuvre. S'il y a certes une irréductibilité d'un tel sens extra musical, Hoffmann n'écrit toutefois pas qu'on puisse le saisir indépendamment de la structure musicale qui l'exprime. Pour notre auteur, qui est avant tout un musicien, il apparaît clairement que c'est au contraire seulement dans la structure musicale qu'on peut saisir ce qui la dépasse : « le profane n'apprécie pas la construction technique, et ce n'est pas là l'important » écrit Hoffmann ailleurs, à propos du moment où dans *Don Giovanni*, Mozart module en do majeur, après le « oui » proféré par la statut du commandeur sur la tonique mi, remarquant que, si « nul profane ne saisira la structure technique de cette transition », l'« effet », c'est-à-dire l'« impression » produite par la « langue universelle de la musique » sera toutefois la même (« son sentiment [*sc.* au musicien] rejoint celui du profane »[1]). Ce sens extra musical, qui ne possède dès lors aucune autonomie, et qui s'avère impossible à définir – pour autant que toute détermination est une négation de ce sens infini –, est-il alors autre chose qu'une manière d'exprimer la spécificité de la musique et, pour les musiciens romantiques, de faire valoir une supériorité de la musique sur les autres arts ?

---

1. E.T.A Hoffmann, « Sur un jugement de Sacchini et sur ce qu'on appelle l'« effet » en musique », *Les Romantiques allemands*, *op. cit.*, p. 960.

TEXTE 2

Ludwig Wittgenstein
« La compréhension et l'explication d'une phrase musicale »
(1948)*

La compréhension et l'explication d'une phrase musicale.
– L'explication la plus simple est parfois un geste (*Geste*); une
autre serait par exemple un pas de danse ou bien des mots qui
décrivent une danse. – Mais la compréhension de la phrase
n'est-elle donc pas un vécu au moment où nous l'écoutons? Et
que fait alors l'explication? Devons-nous penser à celle-ci au
moment où nous écoutons la musique? Devons-nous, dans
cette explication, nous représenter la danse ou quelque chose
d'autre? Et si c'est le cas, – pourquoi doit-on appeler *cela* une
écoute pleinement compréhensive de la musique? Si ce qui
importe est de voir la danse, alors il serait bien mieux que
celle-ci soit exécutée à la place de la musique. Tout cela est
toutefois une *mé*compréhension.

*Texte extrait de L. Wittgenstein, *Vermischte Bemerkungen*, herausgegeben von G.H. von Wright, Oxford, Basil Blackwell, trad. fr. G. Granel,
Remarques mêlées, Mauvezin, T.E.R., 1984, p. 83-84. Nous avons retraduit le
texte.

Je donne à quelqu'un une explication, je lui dis : « c'est comme si (*wie wenn*)… ». Il me dit alors : « Oui, maintenant je comprends » ; ou bien : « Oui, maintenant je sais comment il faut le jouer ». Avant tout, il n'était nullement contraint d'*accepter* mon explication ; ce n'est pas comme si je lui avais donné des raisons pour ainsi dire convaincantes de considérer que ce passage est comparable à tel ou tel. Je ne lui explique pas, par exemple, que, d'après des déclarations du compositeur, ce passage entend présenter (*darstellen*) ceci et cela.

Si maintenant je demande « quel est donc proprement mon vécu, lorsque j'entends ce thème et que je l'entends en le comprenant ? » – alors il ne me vient à l'esprit que des platitudes en guise de réponse. Quelque chose comme des représentations, des sensations de mouvement, des souvenirs et autres choses semblables.

Je peux bien dire que « je suis la musique » (*ich gehe mit*) – mais qu'est-ce que ça veut dire ? Cela *pourrait* signifier quelque chose comme : j'accompagne la musique de gestes (*Gebärden*). Et si l'on fait remarquer que, pourtant, la plupart du temps, cela n'a lieu que d'une façon très rudimentaire, on se voit répondre que les mouvements rudimentaires sont complétés par des représentations. Si toutefois on admet que quelqu'un accompagne la musique entièrement par des mouvements, – dans quelle mesure *cela* en constitue-t-il la compréhension ? Et dirai-je que ce sont les mouvements qui constituent la compréhension, ou bien que ce sont les sensations de mouvement qu'il éprouve ? (Que sais-je de celles-ci ?) – Ce qui est vrai, c'est que je considèrerai ses mouvements, dans certaines conditions, comme des signes de sa compréhension.

Dois-je toutefois (si je rejette les représentations, les sensations de mouvement, etc., à titre d'explication) dire que la compréhension est précisément un vécu spécifique qui ne peut être davantage analysé? Cela pourrait aller à condition qu'on n'entende pas par là qu'il s'agit d'un *contenu* spécifique *de vécu*. Car, *en employant ces* mots, on pense proprement à des distinctions comme la distinction entre la vue, l'ouïe et l'odorat.

Comment explique-t-on donc à quelqu'un ce que c'est que «comprendre la musique»? Est-ce en lui nommant les représentations, les sensations de mouvement, etc., qu'a celui qui comprend? *C'est plutôt* en lui montrant les mouvements expressifs de celui qui comprend. – Oui, la question est aussi celle de savoir quelle est ici la fonction de l'explication? Et que signifie: comprendre ce que signifie comprendre la musique? Beaucoup diraient que comprendre, cela signifie: comprendre la musique elle-même. Et la question serait alors: «peut-on donc apprendre à quelqu'un à comprendre la musique?», car seul un tel enseignement devrait être appelé une explication de la musique.

La compréhension de la musique a une certaine *expression*, lorsqu'on entend ou qu'on joue, ou à d'autres moments encore. À cette expression appartiennent parfois des mouvements, parfois toutefois uniquement la manière dont celui qui comprend joue la pièce, ou bien la fredonne, mais aussi les comparaisons qu'il tire et les représentations qui pour ainsi dire illustrent la musique. Celui qui comprend la musique l'écoutera (avec une autre expression du visage, par exemple) et en parlera autrement que celui qui ne la comprend pas. Sa compréhension d'un thème ne se manifestera toutefois pas seulement dans les phénomènes qui accompagnent l'écoute ou l'exécution de ce thème, mais dans une compréhension de la musique en général.

La compréhension de la musique est une manifestation de la vie de l'homme (*Lebensäusserung des Menschen*). Comment pourrait-on la décrire à quelqu'un? Il faudrait tout d'abord bien décrire la *musique*. Ensuite on pourrait décrire la manière dont les hommes se rapportent à elle. Mais est-ce tout ce qui est nécessaire ou bien faut-il que nous lui fournissions la compréhension elle-même? Mais lui fournir la compréhension sera lui enseigner ce que signifie la compréhension en un autre sens qu'une explication, qui ne fait pas cela. Et même, lui fournir une compréhension de la poésie ou de la peinture peut faire partie de l'explication de ce qu'est la compréhension de la musique.

COMMENTAIRE

Il est ici question, non pas de la musique (« qu'est-ce que la musique ? »), mais de la compréhension et de l'explication de la musique : qu'est-ce que « comprendre la musique » et que signifie « faire comprendre la musique » (c'est-à-dire : en quoi consiste l'explication par laquelle on transmet sa compréhension) ? Si certes la compréhension précède logiquement l'explication, la meilleure voie, pour comprendre la première, consiste peut-être à partir de la seconde, comme l'écrit Wittgenstein ailleurs : « Ne regarde pas en toi-même. Demande-toi plutôt ce qui te fait dire qu'un autre suit une phrase musicale en la comprenant »[1].

Ce texte présente un double intérêt : outre celui qui relève proprement de la question traitée, l'auteur y examine diverses hypothèses au cours d'un itinéraire progressif au terme duquel la pensée n'abandonne jamais son caractère interrogatif, de sorte que, si des pistes sont bien suggérées et si certaines hypothèses sont bien réfutées, jamais l'auteur ne soutient une thèse à proprement parler – ce qui est aussi lié au fait que ces remarques n'étaient pas destinées à la publication.

1. L. Wittgenstein, *Remarques mêlées*, *op. cit.*, p. 63.

On pourrait penser que la meilleure manière d'expliquer à quelqu'un une phrase musicale, c'est, non seulement de la spatialiser, mais également de lui faire correspondre, par comparaison, le mouvement d'un corps dans l'espace : l'explication, dès lors, serait un « pas de danse ou des mots qui décrivent une danse ». Cela posé, puisque expliquer, c'est faire comprendre et donc transmettre sa compréhension, cela suppose que la compréhension du même passe par de tels moyens. Mais voilà précisément quelque chose qui n'a aucun sens, si tant est que la compréhension de la musique soit un vécu (« Mais la compréhension de la phrase n'est-elle donc pas un vécu au moment où nous l'écoutons ? ») – donc irréductible à ce titre à quelque chose de spatial. Si je comprends une phrase musicale pour autant que je l'associe à un pas de danse, la musique ne possède alors aucune spécificité : si « écouter de la musique » se réduit à « voir une danse », on peut légitimement se passer de la musique, donc l'éliminer et ne garder que la danse dont la musique n'est qu'un *accompagnement*. Une telle thèse équivaut à une « mécompréhension », parce qu'elle réduit l'audible à du visible et qu'elle nie l'autonomie de la compréhension musicale. Elle manque du coup ce qui caractérise proprement la musique.

Soulignons que si une telle thèse était précisément celle qu'on trouvait chez le jeune Nietzsche, elle s'oppose à celle qu'on trouve dans les textes du « Nietzsche de la maturité », pour autant que celui-ci ne cesse au contraire de penser la musique en la rapprochant de la danse[1], le rapprochement s'effectuant évidemment à partir de la considération du

---

1. Voir par exemple F. Nietzsche, *Fragments posthumes*, 1886-1887, 7 [7].

rythme [1], qui devient d'ailleurs à cette époque, pour Nietzsche, l'élément essentiel de la musique. Il faut toutefois faire attention à ne pas prendre les textes de Nietzsche *à la lettre*. Que la musique soit subordonnée à la marche et à la danse ne signifie pas qu'on puisse *effectivement* danser ou marcher sur la musique dont Nietzsche se fait le défenseur. La danse et la marche sont pour Nietzsche toutes intérieures, pour autant qu'il n'y a pas nécessairement de coïncidence véritable entre les deux plans : comme l'écrit Gisèle Brelet,

> la danseuse a beau tenter d'accorder ses gestes au *tempo rubato* de cette valse de Chopin, pourtant elle oblige le pianiste à restreindre, pour accompagner cette danse, la liberté de ses rubatos et à rejoindre, quittant la *valse-musique*, la *valse-danse*, si différente rythmiquement ! [2].

On comprend que, même dans les textes où Nietzsche compare la musique et la danse, cette comparaison possède une valeur limitée et relative. Plus précisément, il ne s'agit absolument pas dans les textes de Nietzsche de la maturité d'*assimiler* la musique à la danse, mais simplement d'établir une analogie en soulignant que toute œuvre musicale présuppose, au niveau rythmique, une certaine périodicité c'est-à-dire des points d'appui.

Si la compréhension de la musique est beaucoup plus difficile à penser que la compréhension qui surgit dans les autres formes d'art, c'est parce que la musique est un art qui est par définition non représentatif. Et, dès lors, toute thèse qui assimile la compréhension musicale à une espèce de repré-

---

1. Voir par exemple *Nietzsche contre Wagner*, « Wagner comme danger ».
2. G. Brelet, *Le Temps musical, op. cit.*, t. I, p. 264.

sentation méconnaît la spécificité de la musique – car la figuration de la musique en est la défiguration.

Expliquer ne peut pas consister à spatialiser le son et à transformer en représentation ce qui n'est pas de l'ordre de la représentation. Sont donc exclus la danse et le discours qui décrit une danse (mais absolument pas le discours en général). Peut-être que l'explication de la musique correspond à un récit : raconter, certes, mais raconter quoi ? « C'est comme si etc. » Autrement dit : l'explication ne peut nullement se borner à *constater* ce qui est inscrit dans la partition : ou bien mon auditeur ne connaît pas la musique, auquel cas il ne comprendra rien à ce que je lui dis, ou bien il sait lire la musique et identifier les notes et les durées, de sorte que mon discours ne lui apprend rien que ce qu'il savait déjà. L'explication, ici, consiste à raconter une histoire, à trouver une comparaison légitime (*i.e.* inscrite dans la musique elle-même) qui donne une intelligibilité à la musique – une explication, donc, du type de celle que peut fournir un musicien lorsqu'il évoque ce qu'il a voulu *présenter* (*darstellen*) en composant telle pièce. Outre qu'il s'agit ici d'impulsions extra-musicales qui conduisent à la création musicale (comme par exemple lorsque Wagner écrit dans *Ma vie* que c'est la lecture du *Monde comme volonté et comme représentation* qui l'a conduit à composer *Tristan* [1]), de sorte que l'explication, alors qu'on croit la fournir, reste encore à faire – comment précisément expliquer le passage de telle impulsion extra-musicale à telle organisation ou ordonnance musicale ? –, l'explication que je donne possède d'autant moins de légitimité qu'elle n'est même pas celle du compositeur : qu'est-ce qui alors fonde mon affirmation selon

---

1. R. Wagner, *Ma vie*, trad. fr. M. Hulot avec la collaboration de C. et M. de Lisle, Paris, Buchet Chastel, 1983, p. 321

laquelle ce passage est censé présenter ou exprimer ceci ou cela ?

Wittgenstein poursuit son questionnement qui se resserre sur la question de la compréhension et revient sur la question du « vécu », dans la mesure où il est possible, du moins selon un préjugé généralement reçu, que ce soit en lui qu'il faille trouver la compréhension de la musique. Car, si pour moi qui explique, tel passage se propose de présenter ceci ou cela, c'est qu'une telle présentation équivaut à ma compréhension musicale. Chacun peut chercher à décrire la manière dont procède sa compréhension musicale au moment où il entend un morceau de musique (ici, Wittgenstein ne dit pas : au moment où il joue) : « quel est donc proprement mon vécu ? ». L'auteur remarque que ce type de vécu, qui équivaudrait donc à la compréhension de la musique, du moins dans le rapport aujourd'hui le plus courant à la musique, qui est celui de la réception (passivité de l'audition), n'est rien d'autre que l'association psychologique immédiate du flux sonore avec diverses représentations (sensations, souvenirs, etc.) : « que des platitudes », pour autant que ces représentations relèvent davantage de mon idiosyncrasie que d'une compréhension musicale digne de ce nom. En quoi mon vécu, « lorsque j'entends ce thème », équivaudrait-il à une compréhension de ce thème ? La musique n'est-elle pas alors réduite à un prétexte, à une cause occasionnelle qui me permet de m'auto-affecter, par exemple en me remémorant des moments perdus – ainsi Swann fait-il de la Sonate de Vinteuil l'hymne de son amour pour Odette, et ne lui accorde-t-il de valeur que pour autant que, alors qu'il aura cessé d'aimer celle-ci, la sonate lui rappelle cet amour, évoquant immédiatement en son esprit, comme il l'explique au narrateur, « les dernières circonstances où il l'entendait avant d'être chassé du salon Verdurin »[1], comme, « par exemple, le père Verdurin en redingote dans le Palmarium du Jardin d'Acclimatation »[2].

Contre la théorie selon laquelle la musique et plus largement l'œuvre d'art aurait pour fonction de transmettre un sentiment, Wittgenstein écrit ailleurs :

> L'œuvre d'art ne veut pas transmettre *quelque chose d'autre*, mais elle-même. De même que, lorsque je rends visite à quelqu'un, je ne souhaite pas produire en lui simplement tel ou tel sentiment, mais avant tout lui rendre visite – et, bien entendu, être moi-même le bienvenu[3].

Autrement dit : pour Wittgenstein, la compréhension musicale ne se trouve absolument pas dans les sentiments que la musique suscite en moi.

Mais qu'est-ce alors que la compréhension musicale ? On pourra dire – et l'on entend d'ailleurs souvent dire – que cette compréhension équivaut au fait de *vivre* la musique, de s'*abandonner* à elle et de se *laisser porter par elle* (« je suis la musique ») – en somme : être en elle au sein d'une relation qui, grâce au dessaisissement de soi-même, relèverait d'un contact immédiat avec elle. Mais qu'est-ce que cela veut dire ? Comment aller plus avant et donner un statut conceptuel à ces métaphores ? La seule manière de rendre compte d'une telle thèse, c'est d'affirmer que cette compréhension équivaut à une attitude (*Gebärden*) qui est celle du corps tout entier. Se laisser porter par la musique, c'est marquer le sens de celle-ci et donc

---

1. J.-J. Nattiez, *Proust musicien*, Paris, C. Bourgois, 1984, p. 111.

2. M. Proust, *À la recherche du temps perdu*, *op. cit.*, t. I, *Du côté de chez Swann*, p. 534.

3. L. Wittgenstein, *Remarques mêlées*, *op. cit.*, p. 71.

les différents moments par lesquels elle passe par divers mouvement du corps – à la manière de Mme de Cambremer qui, à la
soirée Saint Euverte, « en femme qui a reçu une forte éducation
musicale », écoute une pièce de Liszt en battant la mesure

> avec sa tête transformée en balancier de métronome dont
> l'amplitude et la rapidité des oscillations d'une épaule à l'autre
> étaient devenues telles (avec cette espèce d'égarement et
> d'abandon du regard qu'ont les douleurs qui ne se connaissent
> plus ni ne cherchent à se maîtriser et disent « Que voulez-
> vous ? ») qu'à tout moment elle accrochait avec ses solitaires
> les pattes de son corsage [1],

ou bien de la princesse de Laumes qui, elle, bat « pendant un
instant la mesure, mais, pour ne pas abdiquer son indépen-
dance, à contretemps » [2].

Il y a là un thème sur lequel Nietzsche a insisté : la
compréhension de la musique, précisément parce que la
musique est du sonore, donc du sensible, passe par le corps tout
entier et relève de celui-ci – ce qui veut d'abord et surtout dire
qu'il ne s'agit nullement d'une compréhension intellectuelle
relevant d'un esprit pur sans lien avec le corps. C'est précisément en ce sens qu'il faut entendre, dans les textes de la
maturité, la liaison qu'il établit entre musique et danse. Si,
comme on l'a vu, la référence à la danse ne signifie pas qu'il
faille proprement danser sur la musique, c'est pour la raison
suivante. En premier lieu, contre la musique wagnérienne
qui veut instaurer une indétermination rythmique, en luttant
contre la tyrannie de la barre de mesure et les temps forts au
moyen de la subordination du rythme au vers poétique, il s'agit

1. M. Proust, *À la recherche du temps perdu*, t. I, *Du côté de chez Swann*,
op. cit., t. I, p. 328.
2. *Ibid.*, p. 331.

d'affirmer que la musique implique une régularité ou une périodicité. Si, dans la musique qui précède Wagner, « il fallait danser », désormais il n'y a plus qu'à « nager, planer, au lieu de marcher, danser » : « la totale dégénérescence du sens du rythme, le chaos à la place du rythme »[1]. En second lieu, l'idée selon laquelle la musique fait danser ou marcher signifie que la musique parle au corps, c'est-à-dire qu'elle est d'abord et avant tout une ordonnance mélodique, harmonique et rythmique. Autrement dit : les métaphores de Nietzsche doivent être comprises comme le refus d'une musique qui s'adresse à l'esprit (et non pas au corps) c'est-à-dire d'une musique qui se donne comme l'objet d'une compréhension symbolique. Ce que donc rejette Nietzsche, c'est la musique wagnérienne, pour autant qu'elle se donne comme renfermant un sens extra musical accessible à un esprit pur – et qu'elle se nie comme musique, pour autant que la musique est un flux sonore qui s'adresse au corps (*Leib*). Si « tout art agit comme suggestion sur les muscles et les sens »[2], la musique est condamnée lorsqu'elle s'intellectualise et perd précisément tout rapport avec le sensible.

Cela posé, on ne peut en rester à l'hypothèse qui assimile la compréhension de la musique à une certaine attitude ou un certain comportement (« la mimique »[3] ou la « gesticulation »[4] dont parle Proust à propos Mme de Cambremer). Car deux questions se posent. La première est de savoir en quoi ce comportement équivaut à une véritable compréhension : suffit-il de manifester par son corps qu'on a repéré la pulsation

1. F. Nietzsche, *Nietzsche contre Wagner*, « Wagner comme danger ».
2. F. Nietzsche, *Fragments posthumes*, 1888, 14 [119].
3. M. Proust, *À la recherche du temps perdu*, *op. cit.*, t. I, *Du côté de chez Swann*, p. 328.
4. *Ibid.*

d'un morceau pour attester qu'on a bien compris, non seulement ce qui se passe entre les pulsations, mais aussi ce qui ne relève pas de la dimension rythmique de la musique ? La deuxième question est de savoir, dans l'hypothèse où un tel comportement serait la manifestation d'une compréhension authentique, si la compréhension se trouve dans ce comportement même, ou bien si celui-ci n'est que le signe extérieur d'une compréhension qui resterait encore à définir ? Dans le second cas, la compréhension équivaudrait, non aux mouvements (dimension extérieure), mais aux sensations de mouvement (dimension intérieure) desquels je ne peux rien dire (« que sais-je de celles-ci ? »).

Je peux refuser d'assimiler la compréhension tout autant aux mouvements qu'à la dimension intérieure qui y est liée. Mais que reste-t-il alors ? On est alors conduit à assimiler la compréhension à un vécu, qui, puisqu'il ne relève pas des représentations liées à la perception musicale (sensations sonores et sensations kinesthésiques), est un vécu dont on ne peut rien dire puisqu'il ne possède aucun contenu, restant en deçà ou au-delà de la différence entre les différents sens…

On remarquera que, à ce point, Wittgenstein transforme la question. C'est que l'interrogation initiale conduit manifestement dans une impasse. La question de l'explication, par quoi nous avons pu croire échapper à toute référence à un vécu dont on ne peut strictement rien dire, nous y reconduit pourtant. Aussi l'auteur se propose-t-il de substituer à une interrogation portant sur ce que signifie « expliquer une phrase musicale » la question de savoir « comment expliquer ce que c'est que "comprendre la musique" ». Or une telle explication consiste moins à *nommer* les représentations suscitées par la musique qu'à *montrer* leurs manifestations extérieures (les *Gebärden*) – exactement de la même façon que l'explication d'un texte, par exemple un monologue dans une pièce de théâtre, se trouve, non pas dans les états d'âme qu'il suscite en moi et dans la formulation de ce vécu, mais dans la manière de lire et de dire ce texte d'une certaine manière, donc d'exhiber la manière dont cette compréhension se manifeste et s'extériorise dans le texte – exactement comme dans *Mulholland drive*, de David Lynch, où l'héroïne interprète deux fois la même scène et lui donne à chaque fois, uniquement par la manière dont elle la joue, une signification complètement différente. Dans ses *Leçons et conversations sur l'esthétique*, Wittgenstein donne d'ailleurs l'exemple des poèmes de Klopstock, décrivant la manière dont sa compréhension, qui ne fut pas immédiate, s'est produite par une telle lecture : « j'ai lu ces poèmes d'une manière complètement différente, plus intensément, etc. », et « j'ai dit à mon entourage : "Voyez, c'est ainsi qu'il faut les lire" » [1].

Une telle explication nous apprend effectivement quelque chose sur la compréhension musicale. Etant donné qu'elle ne consiste pas à nommer les représentations de celui qui comprend, on s'aperçoit que, dans la compréhension musicale, ce qui importe est moins celui qui comprend que l'objet compris : si ce qui est essentiel, ici, c'est d'exhiber toutes les manifestations extérieures de cette compréhension, c'est précisément parce que seules celles-ci rendent véritablement intelligibles la structure de la musique, le sens de la musique. Nous avons précédemment cité le texte dans lequel Wittgenstein souligne que si, ce qui importe, c'est, non pas l'œuvre musicale, mais l'effet qu'elle produit (le sentiment),

---

1. L. Wittgenstein, *Leçons et conversations sur l'esthétique, la psychologie et la croyance religieuse*, *op. cit.*, p. 21-22.

cette œuvre, niée dans sa spécificité, devient interchangeable dès qu'on sauvegarde l'effet.

On peut légitimement se demander si la compréhension se trouve *d'abord* dans des représentations, donc dans un vécu qui s'extérioriserait ensuite dans un comportement, ou bien au contraire si cette compréhension n'existe pas ailleurs que dans un acte, dans une attitude qui crée *ensuite* l'illusion qu'un vécu a précédé cet acte. Car *où* la compréhension musicale se trouve-t-elle ? Est-elle dans un discours sur la musique qui demeure étranger à la chose même, pour autant que je n'y parle que de moi, ou n'est-elle pas plutôt dans un acte par lequel j'interprète et je donne sens à une phrase musicale ? Je peux bien parler et tenter d'expliquer à quelqu'un ma compréhension de *Le Téléphone pleure* – célèbre chanson de Claude François. Mon discours restera abstrait et sans rapport avec la chose même pour celui qui m'écoute. Mais, dès que je chante, dès que je fredonne la chanson, ma manière même de fredonner implique une certaine compréhension qui apparaît en acte et qui même n'existe que pour autant qu'elle s'exerce dans cette action.

La compréhension, en ce sens, n'est pas quelque chose d'intérieur et de théorique qui ne posséderait de droit nulle extériorisation d'ordre pratique. Au contraire, cette compréhension n'existe que dans sa manifestation, au sein d'un agir qui est le fredonnement, le chant ou encore le jeu (de l'instrumentiste). Exactement comme dans l'exemple théâtral donné plus haut, la compréhension du chanteur ou de l'instrumentiste se manifeste dans sa réappropriation du texte (ici la partition) et dans l'acte d'interprétation qui donne vie (les attaques, les nuances, les accents, l'articulation, etc.). On comprend aussi que l'explication d'une phrase musicale, le « faire comprendre » passe d'abord, non pas par un discours sur l'œuvre, mais

par un acte : le professeur fait entendre à son élève la manière
dont on doit jouer telle phrase. Étant donné que l'explication
peut aussi et ensuite passer par le discours, celui qui comprend
la musique en parle autrement que celui qui ne la comprend
pas – en témoigne par exemple le choix des métaphores.

C'est pour cette raison que Wittgenstein refuse, contre la
tradition philosophique, de penser le problème esthétique à
l'aune du concept de « beau ». Car, dès qu'on ne parle plus de
l'art *en général* à la manière de Kant, mais qu'on s'intéresse au
discours *effectif*, c'est-à-dire aux jugements esthétiques tels
qu'ils interviennent « dans la vie réelle »[1], donc relativement
à une œuvre particulière relevant de tel ou tel art (cinéma,
théâtre, poésie, etc.), on s'aperçoit que le discours tente
toujours de s'élever au-delà de la simple énonciation d'une
émotion ou d'un sentiment, *pour donner un « visage »*[2] *à cette
œuvre c'est-à-dire pour la caractériser.* Non seulement « les
adjectifs esthétiques tels que "beau", "magnifique", n'y jouent
pratiquement aucun rôle »[3], mais, étant donné qu'il s'agit de
caractériser esthétiquement (et non théoriquement) l'objet
dont on parle, le critère de mesure est la notion de « correct »[4].
La question, pour une œuvre musicale, est la même que celle
qui se pose pour une poésie, à savoir celle de savoir comment
l'interpréter correctement[5]. De même que, lorsqu'un homme
se rend chez son tailleur, la question n'est pas de savoir si le
costume qu'il essaie est beau, mais d'appréhender correc-

---

1. L. Wittgenstein, *Leçons et conversations sur l'esthétique, la
psychologie et la croyance religieuse*, *op. cit.*, p. 19.

2. *Ibid.*, p. 20.

3. *Ibid.*, p. 21.

4. *Ibid.*, p. 21-22.

5. *Ibid.*, p. 21.

tement la coupe[1], la question esthétique n'est certainement pas
de savoir si une œuvre me plaît, auquel cas on ne comprend pas
très bien ce qu'il y a d'«esthétique» dans un tel discours qui
revient, pour le dire vite, à raconter sa vie (raison pour laquelle
certains ont fait de l'esthétique «une branche de la psychologie»[2]) : le véritable discours esthétique, bien plus exigeant
et, partant, difficile, consiste au contraire à *caractériser
correctement* l'œuvre dont on parle. Ce n'est pas par hasard si,
dès le début du texte, il est question de la compréhension et de
l'explication d'une *phrase musicale*. Car il y a une analogie
entre une phrase musicale et une proposition du langage ordinaire. Dans les deux cas, il ne faut pas imaginer que le sens
serait une entité distincte de la phrase ou proposition, car il lui
est au contraire *immanent*, de sorte que ce sens ne peut pas se
trouver dans «une sorte d'imagerie» qui «accompagne les
mots» (les représentations) : «l'expression» de la phrase n'est
pas dans mon esprit à la manière d'une performance occulte :

> On peut chanter une chanson avec ou sans expression. Alors
> pourquoi faire abstraction de la chanson ? – Auriez-vous encore
> l'expression dans ce cas ?[3].

L'esthétique, au sens que Wittgenstein donne à cette
notion, est donc, non pas une réflexion sur le sujet auquel on
prêterait – comme dans l'esthétique traditionnelle dont Kant
est le plus éminent représentant – une *attitude* esthétique que
cette partie de la philosophie aurait à caractériser, mais une
réflexion sur les énoncés qui décrivent les *propriétés proprement esthétiques* de l'objet, le problème essentiel devenant dès

---

1. *Ibid.*, p. 22.
2. *Ibid.*, p. 45.
3. L. Wittgenstein, *Leçons et conversations sur l'esthétique, la
psychologie et la croyance religieuse*, *op. cit.*, p. 67.

lors celui de montrer qu'il y a de telles propriétés qui sont irréductibles aux déterminations théoriques. Le discours esthétique, en ce sens, ne consiste pas dans la simple analyse technique : il est, dit Wittgenstein, métaphorique, consistant par exemple à dire « d'un morceau de Schubert qu'il est mélancolique »[1] – sans se contenter de s'exclamer : « qu'il est merveilleux »[2]. Comme il apparaît dans les nombreuses remarques que Wittgenstein consacre à des compositeurs ou à des œuvres, le jugement esthétique ne se réduit toutefois pas à une telle assertion qui n'en est que le résumé et qui, comme on le remarque dans les textes de notre auteur (et indépendamment du désaccord que peut susciter son discours, comme par exemple lorsqu'il évoque le musique de Mahler), conclut ou précède un développement qui, *à chaque fois*, prétend s'appuyer sur une caractérisation technique du morceau en question.

Ainsi puis-je dire que le *Satyricon* (1973) de Bruno Maderna est une musique ironique, ce qui est un jugement esthétique que je peux fonder sur une telle caractérisation. En effet, Maderna utilise le principe des objets trouvés, c'est-à-dire, d'une manière analogue au pop-art, construit son œuvre à partir d'un collage de citations de standards de la culture classique et populaire mais aussi de clichés (comme les cadences parfaites, les appels de fanfare, etc.). Les citations des standards ne sont jamais littérales : elles sont jouées par un autre instrument, ou bien, lorsqu'un fragment mélodique réapparaît tel quel, il est harmonisé différemment. Du coup, je reconnais bien la citation (par exemple l'air de Gluck, « j'ai perdu mon Eurydice »), mais le caractère irrévérencieux de la

---

1. *Ibid.*, p. 20.
2. *Ibid.*, p. 24.

transformation fait apparaître, au sein même de la musique, une autoréférence qui manifeste un désengagement de l'énonciateur vis-à-vis de ce qui est dit (ou ici : chanté ou joué) et qu'on appelle précisément l'ironie.

On comprend en quel sens la compréhension d'une phrase musicale présuppose « une compréhension de la musique en général ». C'est qu'elle suppose une connaissance technique des fondements de la musique qui relève d'un apprentissage progressif, et dont seuls les résultats sédimentés rendent possible l'acte ou le discours dans lesquels apparaît une compréhension véritable de la phrase. Pour reprendre l'exemple de Wittgenstein, lorsque j'essaie un costume, le tailleur peut très bien *dire* ce qui ne va pas, mais il peut aussi, sans rien dire, « se contenter de faire une marque à la craie »[1], mais cela n'est possible, dans les deux cas, que pour autant qu'il connaît « les règles »[2] : « si je n'avais pas appris les règles, je ne serais pas en mesure de porter un jugement esthétique »[3].

Lorsque Wittgenstein écrit que la « compréhension de la musique est une manifestation de la vie de l'homme », il faut être attentif à bien entendre cette proposition. Car il ne s'agit pas de rattacher la compréhension à un sentiment qui relèverait d'une pensée antéprédicative (la vie telle que la conçoivent les romantiques), mais de prendre conscience du fait que la compréhension de la musique n'est nullement quelque chose que l'on pourrait examiner d'une manière autonome, car elle s'inscrit dans un contexte culturel qu'il faut chercher à décrire. Aussi n'est-elle rien d'autre, en définitive, qu'un jeu de

---

1. L. Wittgenstein, *Leçons et conversations sur l'esthétique, la psychologie et la croyance religieuse*, *op. cit.*, p. 22.

2. *Ibid.*, p. 23.

3. *Ibid.*

langage particulier en rapport étroit avec tous les autres jeux de langage (« c'est une culture tout entière qui ressortit à un jeu de langage »[1]). Puisque la règle en fonction de laquelle est émis le jugement esthétique, puisque le critère à l'aune duquel je juge de ce qui est correct ou non relève de « la culture d'une époque »[2], il n'y a pas *de* musique, mais *des* musiques : « on joue des jeux tout à fait différents aux différents âges de l'histoire »[3].

Enfin, si le fait d'apprendre à comprendre la poésie et la peinture peut nous aider à saisir ce qu'est la compréhension de la musique, c'est pour la raison suivante. Lorsqu'on dit de quelqu'un qu'il a le sens de la peinture ou de la poésie, donc qu'il manifeste une compréhension de tel ou tel type d'art, c'est qu'il ne se contente pas d'être ému et d'émettre des jugements du type « c'est beau », « c'est merveilleux », ou « ça me plaît ». Autrement dit : il peut en parler en produisant des analyses pour expliquer ce qui, dans telle œuvre, suscite son intérêt. Ce qui est étrange, c'est que, dès qu'il s'agit de musique – raison pour laquelle il faut commencer par « décrire la musique » dans sa spécificité –, on attribue à des individus un sens musical simplement parce qu'ils écoutent de la musique ou disent la connaître bien (connaissance des périodes de l'histoire de la musique, des compositeurs, des œuvres ou

1. *Ibid.*, p. 28.
2. *Ibid.*
3. *Ibid.* Ce qui apparaît tout à fait douteux, c'est lorsque, en revanche, Wittgenstein prétend que, à l'intérieur de notre culture occidentale, en ce qui concerne « les règles de l'harmonie » dans lesquelles « s'est cristallisée » « la façon dont les gens souhaitaient entendre les accords sonner » (ce qui exprime très justement l'idée selon laquelle la tonalité n'a pas de fondement naturel), « la variation a été très faible » – alors que le problème essentiel des théoriciens de la musique est au contraire de rendre compte de l'intégration progressive dans la consonance d'intervalles initialement considérés comme dissonants.

encore des interprètes [1]), alors qu'ils restent incapables de produire autre chose que des jugements dans lesquels, ou bien ils évoquent telle œuvre en termes élogieux et dithyrambiques sans rien en dire, ou bien ils parlent d'eux-mêmes et de l'intensité de l'émotion qu'a produite cette œuvre en eux. Mais c'est précisément là qu'est le problème, comme le dit Wittgenstein dans les *Leçons et conversations sur l'esthétique*, lorsqu'il souligne qu'on ne va pas attribuer un sens musical et une compréhension musicale à un chien parce qu'il remue la queue quand on lui met de la musique, et qu'il ajoute :

> une personne aime écouter de la musique, mais est absolument incapable d'en parler et ne se montre pas du tout intelligente à son sujet. « Elle a le sens de la musique ». Nous ne le disons pas si elle est seulement heureuse en écoutant de la musique et s'il n'y a pas présence d'autres éléments [2].

---

1. F. Platzer écrit dans *Petit lexique des termes musicaux*, Paris, Ellipses, 2002, p. 68, à propos de la connaissance de celui qu'on nomme le « mélomane » : « Elle est en général très au courant des discographies des interprètes et des chefs ».

2. L. Wittgenstein, *Leçons et conversations sur l'esthétique, la psychologie et la croyance religieuse*, *op. cit.*, 1992, p. 25.

TABLE DES MATIÈRES

DANS LA MÊME COLLECTION

Imprimerie de la Manutention à Mayenne (France) - Juin 2011 - N° 676092D
Dépôt légal : 2ᵉ trimestre 2011